プロブレムQ&A

「日の丸・君が代」強制って何？

［国旗国歌と思想・良心の自由を考える］

■

萱野一樹・河原井純子・根津公子著

緑風出版

プロブレムQ&A

目次

プロブレムQ&A

はじめに　9

I　日の丸君が代強制を考える

Q1 「君が代」を歌わなかったら停職六カ月処分ってどういうこと?　12
教職員には「壇上の日の丸に向かって起立し君が代を斉唱しなさい」という職務命令が校長先生から出されています。歌わなかったらどうなるのでしょうか?

Q2 東京で五〇〇人近くの教員を処分!　大阪でも?　17
処分を決めたのは、東京では石原慎太郎都知事、大阪では橋下徹府知事のとき。両氏は二〇一三年から一年間、維新共同代表を務めた間柄です。

Q3 日の丸に向かって君が代を歌うよう命じることは思想・良心の自由を侵す?　22
他者に迷惑をかけることがなければ、何をどう考えても自由。それが憲法が人びとに保障する思想・良心の自由のはず、なのでは?

Q4 日の丸・君が代の強制は思想・良心の自由を侵害すると判断した判決がある?　28
国旗に向かって起立し国歌を斉唱する義務、ピアノ伴奏をする義務を課すことは、思想・良心の自由に対する制約との判決があったそうですが、本当ですか?

Q5 懲戒処分をされても職務命令に従わなかったのはなぜ?［根津の場合］　32
間違った職務命令だからです。職務命令に従った大多数の教員に「従ったのはなぜ」と聞かないのはなぜ?　従うのが当然だから?

Q6 「君が代」不起立を、生徒たちはどのように受け止めたの?　37
生徒の受け止め方の急激な変化にびっくりしました。戦前・戦中の子どもたちが瞬く間に「少国民」となっていった様を根津は見ているようでした。

Q7 「君が代」起立斉唱の職務命令になぜ従わなかったのか？【河原井の場合】
「一〇・二三通達」は教職員に起立斉唱を強制するもの。「イエス・ノーをはっきり言おう」と言ってきた私にとって、「君が代」不起立は教育実践の一つでした。 …… 49

Q8 「君が代」起立斉唱・伴奏の職務命令に従わない教員は少ないよね？
間違いと思う職務命令に従ってしまう多くの教員。職務命令の先にある国家の狙い、そこに思いを巡らすことが必要かと思います。 …… 58

Q9 不起立教員処分は、子どもたちに「日の丸・君が代」を尊重させるため？
二〇〇六年度の生徒たちがたちまちのうちに「少国民」になっていくのを目の当たりにしたことで、教員処分の目的の第一はこれだと実感しました。 …… 66

Q10 都教委は「君が代」不起立を止めない教員をクビにしたかった？
そうだと思います。懲戒免職が難しければ分限免職で行けると踏んだのか。都教委にとっては体罰よりも職務命令違反の教員が邪魔のよう。 …… 74

Q11 全国の公立学校の卒業・入学式で「日の丸・君が代」実施。なぜ？
「日の丸」だけでなく「君が代」も二〇〇三年度の卒業式から全国実施率が一〇〇％に。それは、教員や保護者・生徒が必要と考えたから？ …… 78

Q12 実施率の最も低い県に対する文部省の対応は？
実施率が最も低かったのは沖縄県。文部省・県教委からの圧力に、市町村教委だけでなく生徒・市長・自治体も闘いました。それはなぜだったのでしょう。 …… 86

Q13 一九八九年改訂の学習指導要領に反対した地方議会があったって？
「日の丸・君が代」を「指導するものとする」とした八九年改訂の学習指導要領に対し、撤回を求めた議会がありました。いまと違います。 …… 91

Q14 同調圧力を感じたこと、ありますか？
大勢が一つのことに賛成する中、私は反対。でも、それを言ったら周りから変に見られるかも？　その体験はありますか。それを同調圧力と言います。 …… 94

プロブレムQ&A

Q15 国際的にみると、日本の「君が代」処分はどう映る？ 105
起立しないことは「混乱を生まない市民的自由の範囲」。これが国際社会の見解です。人権について日本との認識の違いは歴然としています。

Q16 諸外国の卒業・入学式で国旗国歌は？ 処分は？ 105
「諸外国の国旗と国歌も同様に尊重する態度を育てる」と文科省は言います。諸外国の中にも、日本のように処分する国があるのでしょか。

Ⅱ 「日の丸」「君が代」のＡＢｃ

Q17 そもそも、「日の丸」にはどんな歴史や意味があるの？ 110
意味や歴史を知らないまま、「日の丸」に正対し「君が代」を歌ってきて、どんな感情を持ちましたか。悪感情は持たなかったのでは？

Q18 「君が代」にはどんな歴史があるの？ 119
「君が代」は明治時代につくられた歌ですが、「日の丸」と同じく、国旗国歌法が成立するまでは国歌ではありませんでした。

Q19 敗戦後、「君が代」の扱いは変わったの？ 123
天皇を讃える歌「君が代」ですから、国民主権となった日本国憲法下では歌えないと考える人はかなりいたでしょうね。当時の政府の方針は？

Q20 「日の丸・君が代」や天皇について、教科書の記述は？ 127
国が教えたい「尊重する態度」や「敬愛の念」は一つの考え。異なる考えがある中、それのみを子どもたちに教えていいのでしょうかうか。

Q21 「日の丸・君が代」が国旗国歌になったのはいつ？ 132
一九九九年八月九日、長い歴史から見るとごく最近のことです。文部省の圧力によって校長が自死したことをきっかけに。

Q22 「国旗国歌法」はどういう経緯でつくられたの？

石川校長の自死に際し、辰野教育長は「各学校（校長）の判断や努力に任せるのは酷なので職務命令を出した」と発言。国旗・国歌法も同じ理由で？

139

Q23 一九九九年国会で法制化に反対した政党や日教組の姿勢は？

「国民的合意によって国旗国歌を決める」と言った野党。では、政府が国民的議論を十分保障したら、国民的合意が得られる？ 日教組もそう考えた？

145

Q24 国会ではどんなことが論議されたの？

「子供たちの良心の自由を制約しようというものでない」「現行の運用に変更が生ずることにはならない」と答弁しながら 教職員については……。

149

Q25 「君が代」を国歌とする政府の見解は？

敗戦までは、「天皇陛下のお治めになるこの御代がいつまでもお続いてお栄になるように」という意味だった「君が代」。国民主権の憲法下では？

155

Q26 国旗国歌法に尊重規定はないけれど、尊重しなくちゃならないの？

「国旗は……」「国歌は……」の二条からなる国旗国歌法。今後、政府に尊重規定や罰則規定を創設する動きは起きないだろうか。

159

Q27 「日の丸・君が代」の完全実施に政府がこれほどまでにこだわるのはなぜ？

歴代自民党政府や財界にとって、国民が「日の丸・君が代」を尊重することに利点があるのでしょう。尊重の行きつく先は「愛国心」です。

162

Q28 新しい国歌を作ろうという運動があったこと知っていますか？
戦争はもうこりごり、平和を取り戻した日本にふさわしい国歌 国民歌をつくろうとの呼びかけに、沢山の応募がありました。そこには〝希望〟があったのでは
164

プロブレムQ&A

Q29 「茶色の朝」ってどんな朝？
ナチスに抵抗したとして一九三七年に強制収容所に送り込まれた神学者マルチン・ニーメラーの言葉をご存じですか。「茶色の朝」の現実でした。 169

コラム　味噌作りと憲法学習会での青年達の声・84

おわりに 174

はじめに

二〇二四年の今、全国の公立学校の入学式・卒業式で「国旗に正対《せいたい》し国歌を斉唱《せいしょう》」しています。幼稚園でも「日の丸」を掲げ「君が代」を流します。

若い方はご自身の入学式・卒業式で「日の丸・君が代」を体験されたと思います。どんな気持ちでこれに臨んできましたか。当たり前のことだから考えることもなかった方も、日本人だから国旗・国歌は必要と考えた方もいると思います。

学校の先生は「日の丸」や「君が代」についてどのように説明していましたか。いやいや、どの先生も説明はしてくれなかったのではないでしょうか。説明をしてくれないのは、なぜなのでしょう。考えたことはありますか。

これを執筆した一人、根津は、自身が中学二年生の時の卒業式の練習で「君が代」を大きな声で歌いながら、「私は日本人、国のためにがんばろう」という気持ちになりました。その一九六五年当時も今と同じように、先生は「日の丸・君が代」の意味も歴史も教えてはくれませんでした。

当時の根津のように、入学式・卒業式で「国旗に正対し国歌を斉唱することは日本人として当たり前」と思われる方も多いと思います。しかし一方で、そう思わない方もその行為をしない方もいます。「当たり前」と思わされているこの問題について、ご一緒に考えてみませんか。

これを執筆する私たちは、「国歌『君が代』斉唱」時に起立斉唱をしなかったために東京都教育委員会（都教委）から懲戒処分（処分）を受け続けた元東京の教員と裁判を担当した弁護士です。

プロブレムQ&A

I

「日の丸・君が代」強制を考える

Q1 「君が代」を歌わなかったら停職六カ月処分ってどういうこと？

教職員には「壇上の日の丸に向かって起立し君が代を斉唱しなさい」という職務命令が校長先生から出されています。歌わなかったらどうなるのでしょうか？

「壇上の日の丸に向かって起立し君が代を斉唱しなさい」との職務命令

学校の卒業式や入学式で壇上《だんじょう》に飾られた日の丸に向かって君が代を歌うのは見慣れた光景ですね。当たり前のことであって、何も問題はないとお考えなのではないでしょうか。ところが、様々な理由から立って君が代を歌うのは嫌だと思う人も中にはいるのです。もしあなたが立って歌うのが嫌だと思う生徒だったとしたら、そして立たずに座ったままで歌わなかったとしたら、どうなるでしょうか。さっそく先生がやってきて「立って歌いなさい。」と注意するでしょう。でも、それ以上に懲罰《ちょうばつ》を受けたりすることはないでしょう。

では、先生（教職員）が君が代を歌いたくないと思って座ったままで歌

懲罰

非違行為をした際に科せられる処分。体罰やセクハラなどのほかに、職務命令違反も非違行為とされます。戒告、減給、停職の順で重くなり、最も重い懲戒処分は懲戒免職。

わなかったらどうなるでしょうか。校長先生がやってきて（副校長先生かも知れませんが）、「立って歌いなさい」と注意するだけですむでしょうか。答えはノーです。その先生は、のちのち懲罰（正確には懲戒処分《ちょうかいしょぶん》といいます）を受けることになります。特に東京や大阪などでは例外なく必ず懲罰を受けます。先生方には式に先立って「壇上の日の丸に向かって起立し君が代を斉唱《せいしょう》しなさい」という職務命令《しょくむめいれい》が校長先生から出されています。その職務命令に従わなかったという理由で懲罰を受けることになるわけです。歌を歌いたくないと思っている人に懲罰まで科して歌わせるのは、その人の思想や信条、内心の自由を侵害するのではないか？というテーマは、この本の別のところで述べているのでここでは触れません。

不起立で停職六カ月

先生に対する懲罰（懲戒処分）は、軽い方から戒告《かいこく》、減給《げんきゅう》、停職《ていしょく》、免職《めんしょく》となっています。停職は、一カ月間、三カ月間、六カ月間とだんだん長くなり停職期間中はもちろん給料やボーナスは一切払われません。卒業式と入学式は毎年三月四月が来る度に行なわれますから、その度に座って歌わな

見慣れた卒業式の風景

職務命令
上司から指揮監督下にある職員に対して発せられる職務上の命令

いでいると、その度に懲戒処分を受け、繰り返すごとに戒告⇩減給一カ月⇩減給六カ月⇩停職一カ月⇩停職三カ月⇩停職六カ月とどんどん重くなっていくわけです。

本書の筆者の根津さんも河原井さんも、毎年懲戒処分を受け免職の一歩手前の停職六カ月の懲戒処分にまで至りました。二人は、全ての懲戒処分の取消を求めて裁判を起こし、十年以上にわたる長い長い裁判をたたかいました。その結果、河原井さんについては、減給以上の全ての懲戒処分が取り消され、根津さんは二回の停職六カ月の懲戒処分が取り消されました。

裁判所が懲戒処分を取り消す

裁判所がどんな理由で懲戒処分を取り消したのかを少し見てみましょう。全国の裁判所の頂点に立つ最高裁判所は、河原井さんの停職一カ月の懲戒処分を取り消した判決（二〇一二年一月十六日上告審判決）でつぎのように述べました。判決文ですから堅苦しくいかめしい言葉使いですが、我慢して読んでみてください。

二〇二〇年三月二十五日、根津停職六カ月処分取消訴訟で控訴審逆転勝訴判決を得て

東京裁判所前で

「（君が代を立って歌わないという）不起立行為《ふきりつこうい》に対する懲戒において戒告を超えてより重い減給以上の処分を選択することについては、本件事案の性質等を踏まえた慎重な考慮が必要となる。」「不起立行為に対する懲戒において戒告、減給を超えて停職の処分を選択することが許容されるのは、過去の非違行為《ひいこうい》による懲戒処分等の処分歴や不起立行為の前後における態度等に鑑み、学校の規律や秩序の保持等の必要性や処分による不利益の内容との権衡《けんこう》（つりあいとか均衡の意味です＝引用者）の観点から当該処分を選択することの相当性を基礎付ける具体的な事情が認められる場合であることを要する。」「不起立行為に対する懲戒において停職処分を選択することについて、上記の相当性を基礎付ける具体的な事情が認められるためには、例えば過去の一、二年度に数回の卒業式等における不起立行為による懲戒処分の処分歴がある場合に、これのみをもって直ちにその相当性を基礎付けるには足りず、上記の場合に比べて過去の処分歴にかかる非違行為がその内容や頻度等において規律や秩序を害する程度の相応に大きいものであるなど、過去の処分歴等が停職処分による不利益の内容との権衡を勘案してもなお規律や秩序の保持等の必要性の高さを十分に基礎付けるものであ

二〇一二年一月十六日最高裁判決が、《戒告は適法、減給以上の処分は原則違法》と判じたことで、それ以降、都教委は《不起立三回までを戒告に、四回以上を減給一カ月処分》にしています。減給処分は違法とした最高裁判決を無視しています。

「過去の…処分歴」を理由に、根津さんの停職三カ月まで及び停職六カ月一回の処分は取り消しになりませんでした。

ることを要するというべきである」（ルビとカッコ内は筆者）

何を言ってるのかよくわかりませんね。これをもう少し分かりやすく述べたのが、この判決に補足意見を付けた櫻井龍子《りゅうこ》裁判官（当時）です。

「（入学式や卒業式などの）式典のたびに（国歌斉唱時に）不起立を繰り返すということは、その都度、（内心の）葛藤を経て自らの信条と尊厳を守るためにやむを得ず不起立を繰り返すことを選択したものと考えられる。毎年必ず行われる入学式、卒業式などにおいて不起立を行えば、次第に処分が重くなり、二、三年もしないうちに戒告から減給、そして停職という形で不利益の程度が増していくことになる。自らの信条に忠実であればあるほど心理的に追い込まれ、（懲戒処分などの）不利益の増大を受け入れるか、自らの信条を捨てるかの選択を迫られることになる。このような過酷な結果をもたらす懲戒処分は法の許容範囲にあるとは到底考えられない」

みなさんは、君が代を歌わなかった先生に最長六カ月の停職処分（給料なし）という懲罰を与えることが許されるのかどうか？どのように考えますか。

Q2 東京で五〇〇人近くの教員を処分！　大阪でも？

処分を決めたのは、東京では石原慎太郎都知事、大阪では橋下徹府知事のとき。両氏は二〇一二年から一年間、維新共同代表を務めた間柄です。

東京では

東京都教育委員会（以下、都教委）は二〇〇三年十月二十三日、横山洋吉教育長名で「入学式、卒業式等における国旗掲揚及び国歌斉唱の実施について（通達）」を都立学校校長・区市町村教育委員会教育長に出し、区市町村教育委員会教育長は自身の職名でその通達を各校長に出しました。日付をもって、「一〇・二三通達」と呼びます。同通達は、「国旗掲揚及び国歌斉唱の実施に当たり、（校長は　筆者補足）教職員が本通達に基づく校長の職務命令に従わない場合は、服務上の責任を問われることを、教職員に周知すること」（傍線筆者）と記します。「服務上の責任」とは、懲戒処分をするということです。

通達を受けた校長は全職員に、「教職員は、国歌斉唱の際、起立し壇上中央の国旗に正対し、国歌を斉唱することを命ずる」との職務命令書を、教育委員会の通達を添えて配付しました。校長が職務命令を出すのは、「君が代」斉唱の際に起立斉唱をしない、あるいは伴奏《ばんそう》をしない（以下、不起立　不伴奏《ふばんそう》と言う）教員を「職務命令違反」（地方公務員法三十二条）で処分するためです。不起立・不伴奏教員を処分するために、職務命令が必要なのです。

この職務命令違反でこれまでに全都で延べ四八四人の教職員が懲戒処分を受けました（〇四年から一八年三月までに。それ以降は〇人）。これまでも起立せず、今後も起立しないだろうと思われる一人の教員に対し、校長は卒業式・入学式に出席させない措置をとっていますが、校長のこの措置もまた、間違いなく、都教委の校長に対する「指導・助言」によるものと思われます。

その措置とは、その教員が所属する学年には、卒業式にも入学式にも参加させず、平常授業を行なわせるというもの。平常授業なんて、通常あり得ないことです。

地方公務員法第三十二条

「職員はその職務を遂行するに当たって、法令、条例、地方公共団体の規則及び地方公共団体の機関の定める規程に従い、且つ、上司の職務上の命令に忠実に従わなければならない」という規定。

「一〇・二三通達」を出したことについて教育委員の一人、故鳥海巌氏（株式会社丸紅元会長）はこう言いました。「あいまいさを改革の時には絶対残してはいけない。この国旗・国歌問題、一〇〇％やるようにしてくれということを事務局にも教育長にも言っているわけなのですけども、一人の人、あるいは二人の人だからいいじゃないのというかもしれませんけれども、改革というのは、何しろ半世紀の間につくられたがん細胞みたいなものですから、そういうところにがん細胞を少しでも残すと、またすぐ増殖してくるということは目に見えているわけです。徹底的にやる。あいまいさを残さない。これは非常に重要なことだと思っております」（二〇〇四年四月九日　都立高校校長や各市町村教育委員会を集めての「平成一六年度教育施策連絡会」での発言。石原都知事も出席）。

「日の丸・君が代」に反対する教員は憎きがん細胞と同じ。教育委員会の意向・校長の職務命令に従わない教員はたとえ、東京の六万人の教員の一人であっても見過ごしてはならない。そうした教員は徹底的に弾圧すべき、というのでした。

なお、一〇・二三通達は、別紙「入学式・卒業式等における国旗掲揚及び国歌斉唱に関する実施指針」を添付し、「別紙のとおりに式を行うものとする」と書きます。それは教職員の服装にまで及びます。

大阪では

大阪では橋下徹・大阪維新の会が二〇一一年に「大阪府国旗国歌条例」を、一二年三月に「大阪府職員条例」を制定し、その年度の卒業式から東京と同じように起立斉唱をしない教員に対し、懲戒処分を始めました。現在までに六七名の教員が処分されています。

大阪府職員条例は「職務命令違反五回、同一の職務命令三回違反で免職とする」とまで規定します。この免職規定は、「減給一カ月以上の処分は重過ぎて違法」とした二〇一二年一月の最高裁判決をあえて無視してのことでしょう。今現在、それに該当する教員はいませんが、「君が代」不起立三回で免職（解雇）とは何ということでしょう。不起立で二回処分を受けた教員には処分発令書とともに、「（次回は）免職することがあることを文書で警告する」と記した「警告書」が渡されます。

「実施指針」

一　国旗の掲揚について

㈠国旗は、式典会場の舞台壇上の正面に掲揚する。

㈡国旗とともに都旗を併せて掲揚する。この場合、国旗にあっては舞台壇上正面に向かって左、都旗にあっては右に掲揚する。

㈢屋外における国旗の掲揚については、掲揚塔、校門、玄関等、国旗の掲揚状況が児童・生徒、保護者その他来校者が十分認知できる場所に掲揚する。

㈣国旗を掲揚する時間は、式典当日の児童・生徒の始業時刻から終業時刻とする。

二　国歌の斉唱について

㈠式次第には「国歌斉唱」と記載する。

㈡国歌斉唱に当たっては、式典の司会者が、「国歌斉唱」と発声し、さて、被処分者数に東京と開きがあります。この数の違いは、なんだと思いますか。教員たちが「日の丸・君が代」に賛成するようになったのではありません。この数年の間に日本社会がものを言わせない、同調圧力《どうちょうあつりょく》の強い社会になってきたこと、教員への管理弾圧が増したことにより、抵抗することが難しくなったのだと思います（同調圧力については後で述べます）。

起立を促す。

㈢式典会場において、教職員は、会場の指定された席で国旗に向かって起立し、国歌を斉唱する。

㈣国歌斉唱は、ピアノ伴奏等により行う。

三　会場設営等について

㈠卒業式を体育館で実施する場合には、舞台壇上に演台を置き、卒業証書を授与する。

㈡卒業式をその他の会場で行う場合には、会場の正面に演台を置き、卒業証書を授与する。

㈢入学式、卒業式等における式典会場は、児童・生徒が正面を向いて着席するよう設営する。

㈣入学式、卒業式等における教職員の服装は、厳粛かつ清新な雰囲気の中で行われる式典にふさわしいものとする。

Q3 日の丸に向かって君が代を歌うよう命じることは思想・良心の自由を侵す？

他者に迷惑をかけることがなければ、何をどう考えても自由。それが憲法が人びとに保障する思想・良心の自由のはず、なのでは？

「思想・良心の自由」「内心の自由」

みなさんは、「思想・良心の自由」あるいは「内心の自由」という言葉をご存じでしょうか。心の中ではどんなことを考えても感じても自由であって、誰もそれを禁じたりその考えを捨てるように強制したりはできないということですね。

「日の丸は国旗だから大切にしよう」と考えても、「デザインが冴《さ》えないから他の旗にしたい」と考えても、「君が代は嫌いだから歌いたくない」と考えても、「あのメロディーが大好きだ」と感じても全く自由なわけです。

憲法も第十九条で、「思想及び良心の自由は、これを侵してはならない」と規定しています。では、日の丸に向かって起立して君が代を歌うように

憲法第十九条
思想及び良心の自由は、これを侵してはならない。

命令することは思想・良心の自由を侵すことになるのでしょうか?

個人の思想・良心の自由が侵害されたとして国や団体を訴えた裁判は過去にたくさんあります。根津さん河原井さんが、公立学校の卒業式や入学式で、壇上に飾られた日の丸に向かって起立し君が代を斉唱するよう命ずる職務命令に従わなかったことに対して教育委員会が戒告、減給、停職などの懲戒処分を行なったことは、二人の思想・良心の自由あるいは内心の自由を侵害するのではないか?が裁判で激しく争われました。

結論的にいうと、最高裁判所は、日の丸に向かって起立し君が代を斉唱するように職務命令で命じることは、思想・良心・内心の自由を侵すことにはならないと判断しました。その理由をわかりやすく言い直すと、「国旗に向かって国歌を起立斉唱することは国旗と国歌に対する敬意を表明することを含んでいる。日の丸や君が代に対して敬意を表明したくないと考える人が、敬意の表明を求められることは、その人の思想及び良心の自由についての間接的な制約になる面がある。しかし、公立学校の入学式や卒業式で国旗に向かって国歌を起立斉唱することを命ずる職務命令は必要であり合理的でもあるので、そのような間接的な制約は許される。」というものです。

「間接的に制約」とは

ここでのキーワードは、「間接的な制約」です。思想・良心・内心の自由を「間接的に制約」するとは一体どういう意味でしょうか？　その反対語は多分「直接的に制約」するということでしょう。国旗に向かって国歌を起立斉唱するよう求めることは、様々な理由で起立斉唱したくないと考える人の考えを「間接的に制約」するにとどまるものなのか、それとも直接に制約するものなのか？　そもそも「間接的に制約」するってどういう意味なのか？　どこまでやれば「間接的制約」が直接的制約になるのか？　疑問は深まるばかりです。

最高裁判所は、「間接的制約」という言葉の意味内容や直接的制約との違いについて一言も説明しません。高等裁判所や地方裁判所などの下級裁判所は、最高裁判所の「間接的制約」という言葉に飛びついて、その意味内容を深く検討することなく、それ以降の同種の日の丸・君が代裁判で職務命令は「間接的制約」に過ぎないので違法ではないと判で押したように判決しています。

しかし、起立斉唱を命ずる職務命令に従わないと続いて戒告・減給・最長六カ月もの停職という懲戒処分が科されること、つまり職務命令と懲戒処分が一体不可分《いったいふかぶん》のものとしてあることを全体として考えるならば、起立斉唱をしたくないという思想・良心・内心の自由を直接的に制約・侵害していると考えるべきではないでしょうか。

最高裁判所の裁判官の中にも異論はあるようです。たとえば、宮川光治裁判官（当時）は、「（根津さんや河原井さんが、それぞれの学校の）校長から受けた（起立斉唱を命じる）職務命令に従わなかったのは、『君が代』や『日の丸』が過去の我が国において果たした役割に関わる二人の歴史観ないし世界観および教育上の信念に基づくものである。そのように真摯《しんし》なものである場合は、その（不起立という）行為は二人の思想及び良心の核心の表出であるか少なくともこれと密接に関連しているとみることができる。したがって、その（不起立という）行為は二人の精神的自由に関わるものとして憲法上保護されなければならない。（起立斉唱を命じる）職務命令は憲法十九条に違反する可能性がある。」と述べました。

最高裁判所の多数派の裁判官は、起立斉唱を命じる職務命令は思想・良心の「間接的な制約」に過ぎないと述べたのに対して、宮川裁判官は起立斉唱しないことは思想・良心の核心の表出（表明）であってそれを制約することは憲法十九条に違反するとはっきりと反対意見を述べたわけです。

また、根津さんの停職六カ月の懲戒処分を取り消した東京高等裁判所の須藤典明裁判官は、つぎのように述べました。

「国歌斉唱時に起立しなかった教職員に対して、職務命令違反として、一回目は戒告、二回目は給与一月の月額十分の一を減ずる減給、三回目は給与六月の月額十分の一を減ずる減給、四回目は停職一月、五回目は停職三月、六回目は停職六月の各処分を行なっており、このような機械的な運用は、もともと機械的に一律に加重して処分を行なうことには慎重な検討を要請していた本件国会審議答弁における各答弁内容や本件処分量定を定めた趣旨に反するものといわざるを得ない。このような学校における入学式、卒業式などの行事は毎年恒常的に行なわれる性質のものであって、しかも、通常であれば、各年に二回ずつ実施されるものであるから、仮に不起立に対して、上記のように戒告から減給、減給から停職へと機械的に一律にその処分を加重していくとすると、教職員は、二、三年間不起立を繰り返すだけで停職処分を受けることになってしまい、仮にその後にも不起立を繰り返すと、より長期間の停職処分を受け、ついには免職処分を受けることにならざるを得ない事態に至って、自己の歴史観や世界観を含む思想等により忠実であろうとする教員にとっては、自らの思想や信条を捨てるか、それとも教職員としての身分を捨てるかの二者択一の選択を迫られることとなり、そのような事態は、もともとその者が地方公務員としての教職員という地位を自ら選択したものであることを考慮しても、日本国憲法が保障している個人としての思想及び良心の自由に対する実質的な侵害につながるものであり、相当ではないというべきである。」（傍線筆者）

さて、みなさんは、国旗に向かって起立して国歌を斉唱することを職務命令で命じ、従わない場合には懲戒処分を科すということが、思想・良心・内心の自由を侵害することになるのかならないのか、どう考えますか？

Q4 日の丸・君が代の強制は思想・良心の自由を侵害すると判断した判決がある？

国旗に向かって起立し国歌を斉唱する義務、ピアノ伴奏をする義務を課すことは、思想・良心の自由に対する制約との判決があったそうですが、本当ですか？

本当です。二〇〇六年九月二一日に東京地方裁判所で難波孝一裁判長が言い渡した判決です。この裁判は、根津さんや河原井さんのように懲戒処分を受けてその処分の取消を求めたものではなく、入学式・卒業式などの式典会場において国旗に向かって起立し国歌を斉唱する義務がそもそもないことの確認を求めた裁判です。判決文から引用します。

「我が国においては、日の丸・君が代は、明治時代以降、第二次世界大戦終了までの間、皇国思想や軍国主義思想の精神的支柱として用いられてきたことがあることは否定し難い歴史的事実であり、国旗・国歌法により、日の丸・君が代が国旗、国歌として規定された現在においても、なお国民の間で宗教的、政治的にみて日の丸・君が代が価値中立的なものと認められるまでには至っていない状況にあることが認められる。

このため、国民の間には、公立学校の入学式、卒業式などの式典において、国旗掲揚、国歌斉唱をすることに反対する者も少なからずおり、このような世界観、主義、主張を持つ者の思想・良心の自由も、他者の権利を侵害するなど公共の福祉に反しない限り、憲法上保護に値する権利というべきである。……中略……

このような世界観、主義、主張を持つ者を含む教職員らに対して、処分をもって（国旗に向かって起立し国歌を斉唱する）行為を強制することは、結局、内心の思想に基づいてこのような思想を持っている者に対し不利益を課すに等しいということができる。

したがって、教職員に対し、一律に、入学式、卒業式等の式典において国歌斉唱の際に国旗に向かって起立し、国歌を斉唱すること、ピアノ伴奏をすることについて義務を課すことは、思想・良心の自由に対する制約になるものと解するのが相当である。」

そのうえで判決主文は、「原告らが…国旗に向かって起立をし、国歌を斉唱する義務のないことを確認する」「被告都教委は…国旗に向かって起立しないこと及び国歌を斉唱しないことを理由としていかなる処分もしてはならない」「原告らが……ピアノ伴奏義務のないことを確認する」「被告都教委は……ピアノ伴奏をしないことを理由として，いかなる処分もしてはならない。」としました。

この判決に対して被告である東京都が控訴し、残念ながら東京高等裁判所で取り消されてしまいましたが、この判決の歴史的意義は決して忘れられることはないと思います。

この高裁判決の最後のページに次のような裁判官の意見が述べられています。さて、みなさんはどのように考えますか？

「国旗・国歌法の制定・施行されている現行法下において、生徒に、日本人としての自覚を養い、国を愛する心を育てるとともに、将来、国際社会において尊敬され、信頼される日本人として成長させるために、国旗、国歌に対する正しい認識を持たせ、それらを尊重する態度を育てることは重要なことである。そして、学校における入学式、卒業式等の式典は、生徒に対し、学校生活に有意義な変化や折り目を付け、厳粛で清新な気分を味わさせ、新しい生活への動機付けを行い、集団への所属感を深めさせる意味で貴重な機会というべきである。このような入学式、卒業式等の式典の意義、役割を考えるとき、これら式典において、国旗を掲げ、国歌を斉唱するすることは有意義なものということができる。

しかし、他方で、このような式典において、国旗、国歌に対して、宗教上の信仰に準ずる世界観、主義、主張に基づいて、国旗に向かって起立したくない教職員、国歌を斉唱したくない教職員、国歌のピアノ伴奏をしたくない教職員がいることもまた現実である。このような場合において、起立したくない教職員、斉唱したくない教職員、ピアノ伴奏したくない教職員に対し、懲戒処分をしてまで起立させ、斉唱等させることは、いわば、少数者の思想良心の自由を侵害し、行き過ぎた措置であると思料する次第である。」

判決主文は、①原告らには国歌斉唱、ピアノ伴奏の義務がない、②被告都教委は国歌斉唱・ピアノ伴奏をしないことを理由にいかなる処分もしてはならない（要旨）、としました。

Q5 懲戒処分をされても職務命令に従わなかったのはなぜ？【根津の場合】

間違った職務命令だからです。職務命令に従った大多数の教員に「従ったのはなぜ」と聞かないのはなぜ？　従うのが当然だから？

根津の場合は

〝(職務)命令には従わざるを得ない〟ということが多くの教員たちに染みついているのかと、「一〇・二三通達」が出された〇四年春の卒業式・入学式を迎える過程で気になりました。「日の丸・君が代」の強制に反対し、これまでは「君が代」不起立をしてきた教員たちの多くが不起立を止めたからです。

私は間違った職務命令には従ってはならないと思い、それまでのように起立はしなかっただけのことです。「日の丸・君が代」の意味や歴史を教えず隠して、教員たち全員が「君が代」起立斉唱することによって、生徒たちに同じ行為をさせる、するものと思わせる。それは、刷り込み・調教《ちょうきょう》であり、教育に反する行為、学校教育がしてはならないことと思うからでした。

また、個々人の思想・良心の自由は、たとえ一万人のうちの一人であっても侵害してはならないことを、私の行為を通して生徒たちに示そうとも思いました。

私は「日の丸・君が代」を尊重しない。しかし、だから職務命令を拒否したのではありません。私が生徒たちに常々言ってきたことがあります。「私の好物のおまんじゅうを食べていいと言われたら喜んで食べる。でも、全員が食べることを強制されたら、大好物のおまんじゅうであっても食べることを拒否する」。強制することを間違いと考えるからです。そもそも、個々人や社会にとって良いことならば、人は強制されなくてもすすんでそれを行ないます。強制するのは、間違いと考える人が少なからず存在するということです。

また、私は生徒たちにこうも言ってきました。「自分の頭で考え判断し、流されずに行動しよう」「長いものに巻かれないように」と。そう言ってきた私なので、この職務命令を拒否することは当然のことでした。

こちら特報部
懲戒8回・根津さん
停職中 校門前で生徒に
「うのみはダメ
自分で考えて」
安倍政権なら
「石原流」波及?

東京新聞二〇〇六年九月十九日付

「日の丸・君が代」の意味も歴史も学校で教えていない

皆様は「日の丸・君が代」の意味も歴史も学校で教えてもらわなかったと思います。したがって、意味も歴史もわからず、自分の頭で判断できないまま、先生たちが「国旗に起立し正対して国歌を斉唱する」姿を見て、同じ行為をしてきたのではありませんか。これを教員がすべき教育行為と考えますか。これを教育行為と捉える教員は、職務命令に従う教員を含めてまずいません。これは断言できます。

教育は、「教師と子どもとの間の直接の人格的接触」（一九七六年旭川学テ最高裁判決文）の中で教員が子どもを受容するところから始まります。事実の裏付けのある資料をもとに考え意見を交わし合い、自らの考えを形成する、その活動への働きかけが教育であり、教員の仕事です。教員は、人格を持った一人の人間として子どもたちに向き合うのですから、「日の丸・君が代」だけでなく他の世論の分かれる問題、例えば原子力発電や外交、軍事などについては、異なった考え方やその分布状況を説明するとともに、教員が自己の良心に照らし考えるところを示すことが求められます。

一九七六年旭川学テ最高裁判決文

一九五六年から六五年にわたり、全国の中学二・三年生を対象に文部省が実施させた全国学力テスト（学テ）に対し、北海道旭川市立永山中学校において、これに反対する教員たちがその実力阻止を行なった事件。教員たちは公務執行妨害罪とされたものの、最高裁判決は教育のあり方を述べました。

「子どもが自由かつ独立の人格として成長することを妨げるような国家的介入、例えば、……一方的観念を子どもに植えつけるような内容の教育を施すことを強制するようなことは…許されない」。

この事件だけでなく、全国で反対闘争が相次いだことや、六六年の旭川地裁判決が学テ違法（教育基本法十条違反　教育への介入）と認定したこ生徒たちから「先生個人はどう考えるの」と聞かれることも多く、私もいつも聞かれました。そうした人格的接触を通して、子どもたちは考え、自己の意見や「人はどう生きるべきか」という良心を形成していきます。教員が、自身が正しいと思う気持ちを隠し、それに反する行為をさせられているのでは、子どもたちは人格的接触も良心の育みも不可能となり、教育は成立しません。

このように考えてきた私は、生徒たちとのかかわりのすべてにおいて、指示命令や体罰（九〇年代半ばまで、体罰を「強い指導」と称し教育行為として行なっていた学校や教員が多かった）を排除し、生徒たちが自分の頭で考えることのできるよう、資料を提供し、問いかけをしてきたつもりです。

「日の丸・君が代」についても一九八九年改訂の学習指導要領が、「国旗を掲揚するとともに、国歌を斉唱するよう指導するものとする」と明記したときから、教材プリントをつくって授業をし、生徒たちの身近にいる大人の一人としての私の考えも明らかにしてきました。それとセットで必ず、「これはあくまでも私個人の考え。考えは人それぞれだから、周りの人や校長先生の意見も聞いてほしい」と言ってきました。「日の丸・君が代」の

とから、文部省はこの年、学力テストを中止しました。

しかし、文科省（二〇〇一年、文部省は文部科学省に変更。略して文科省という）は二〇〇七年から学テを再開。都道府県や市町村教育委員会作成のテストまで始めました。東京足立区では〇六年都学テの際に、平均点をあげるために、点数の取れない子どもを欠席させるなどの組織的不正を行ないました。

授業をするにあたっては、毎回、校長に教材資料を渡し、「授業に来て校長の考えを話してほしい」とお願いしてきましたが、応じてくれる校長は一人もいませんでした。『小学校六年生社会科学習指導要領』が「国旗国歌の尊重」を謳っているのですから、校長が資料をもとに説明してくれるだけでも、子どもたちが考え判断することに繋《つな》がると思うのですが……。

以上述べてきたように、私は、生徒たちが自身の意見形成を阻害され、指示に従わされることに加担しない、教育委員会から酷《ひど》い仕打ちをされたとしても、クビにされたとしても本来の教育活動を行なおうと思ってきました。その結果が、「君が代」不起立でした。

学習指導要領
全国的に一定の教育水準を確保するため、各学年、各教科等の目標や教えるべき大まかな教育内容を文科省が定めたもの。

Q6 「君が代」不起立を、生徒たちはどのように受け止めたの？

生徒の受け止め方の急激な変化にびっくりしました。戦前・戦中の子どもたちが瞬く間に「少国民」となっていった様を根津は見ているようでした。

根津の受けた「君が代」不起立処分と生徒たちの受け止め方の変化

二〇〇三年の一〇・二三通達後の根津の最初の不起立は二〇〇三年度卒業式でした。でも、当時在職していた調布市では「職務命令が出されなかった」（〇四年四月三日の産経新聞）ということで、私を含む四名の調布市の不起立教員は処分をされませんでした。

私が不起立した思いについて、卒業式翌日の〇四年三月十九日付け朝日新聞夕刊が報じてくれたことに、保護者や生徒から共感や激励《げきれい》を手紙や電話でいただきました。「卒業する生徒たちへの最高のはなむけの言葉です」とまで言ってくださる保護者もいました。

この保護者が、「日の丸・君が代」に対して特別の考えを持っていたのではありません。一年後の〇五年春の朝日新聞社および東京新聞社の調査では、都教委の行なう「君が代」不起立・不伴奏《ふばんそう》処分に反対する人が六割でした。二〇年経った今は、皆様の多くも「日の丸・君が代」が卒業式・入学式で実施されることに疑問を抱かないでしょうが、当時は、それを異常と見る都民が多かったのです。

新聞は、「日の丸・君が代『徹底』揺れる卒業式」と題して三校の卒業式を報じ、その一校で筆者を取り上げてくれました。

＊＊＊＊＊　＊＊＊＊＊

調布市調布中学（高橋秀美校長）の家庭科教師根津公子さん（五十三）は「国歌斉唱」の時に起立しないと心に決めて卒業式に臨んだ。／様々な問題をはらんだ日の丸・君が代を国旗・国歌とすることへの抗議の意思表示だが、それ以上に「有無を言わさず押し付けるのはおかしい」と思う。「自分がおかしいと思うことをやってしまったら、もう教師として胸を張って子どもたちの前に立てない」／二〇〇三年十一月の職員会議で市教委からの通知が配られた。都教委の通達を添

日の丸・君が代

「徹底」揺れる卒業式

都教委から「監視役」

養護学校　スロープ設け登壇

朝日新聞二〇〇四年三月十九日付

付したものだった。根津さんは以前から卒業式や入学式での「不起立」を続けてきた。今回は職務命令違反に問われる公算が大きいが、「処分は覚悟している」。／高橋校長からは、式の冒頭まで会場入り口で受付をしてほしいと要請されたという。だが、断った。／会場にいて、生徒に不起立の姿を見せたいと思う。「『なぜ先生は立たないんだろう』と考えるきっかけになるかもしれない。自分で考え、間違いだと思ったことには従わなくていいこともあると伝えたい」。市教委の担当者は「すべての先生が通知に従ってくれると信じている」と話した。

＊＊＊＊＊　＊＊＊＊＊

翌〇四年度、一年で異動させられた立川市の中学校での卒業式で減給六カ月処分を、続く〇五年度入学式で停職一カ月処分を受けました。「君が代」不起立処分以前に、校長が揚げた「日の丸」を下ろすなどで減給三カ月までの処分を受けていたので、「君が代」不起立処分は減給六カ月処分から始まったのです。

悩んだ末に

〇四年度（〇五年三月）卒業式を迎えるに当たっては、その時点で都教委が「三回不起立したら免職」と言っていることを校長からも伝えられていたので、この先いつクビにされるかと悩みました。また、それ以上に、三月に入ると立川市教育委員会から毎日朝と夕の二回、「根津を指導したか」と言われている校長の憔悴《しょうすい》しきった姿に、広島県立世羅《せら》高校の校長のような不測の事態が起きてはいけないと悩み、卒業式前日に「途中まで立ちます。市教委に根津を指導したと報告してください」と校長に伝え、当日は途中まで起立をしたのでした。生徒たちには最後の授業で「日の丸・君が代」の歴史や意味、起立できない私の気持ちを話した上で、校長のことには触れずに、「クビにされたくないので、間違っていると思うけれど起立してしまうかもしれない。そのときはごめんなさい。教員なんて、そんなものさと思ってください。」と言い、詫びて式に臨みました。

式では「国歌斉唱」と司会が発声するや、私の心臓はバクバク。考えもしなかったことですが、生徒たちのかなりが九〇度左を向き、私を凝視

世羅高校の校長

一九九九年度の卒業式の前日、自死をしてしまいました。県教育委員会（県教委）から「君が代」斉唱を実施するよう職務命令を受けていたことが原因でした。後述します。

しています。やがて私の脳裏にはなぜか、日本軍が侵略した中国で、銃剣を持たされ中国人の捕虜を「突け」と命令された初年兵の姿が出てきました。私は、「お前は突くのか」と問われているよう。目の前は真っ暗になってしまいました。足に力を入れやっとのこと立っていて、「ここまで起つ」と伝えていた歌詞まで来て崩れるように着席し、「突かなくてよかった」とほっとしました。私は仕方なく校長の命を優先することにしたのですが、「今後何があっても、クビにされたとしても、金輪際こんなことはやめよう」と思いました。割り切ったつもりでの行動だったのですが、からだは敏感に反応してしまうものなのですね。

停職でも校門前に「出勤」

続く〇五年四月の入学式の不起立で停職一カ月処分を受け、私は毎日、校門前に「出勤」し、勤務終了時刻までそこに留まりました。危害が加えられるかもしれない怖さはありましたが、私は間違ったことはしていない、仕事をしたい。なのに、停職処分にされた。その意思を示そうと思っての行動でした。名付けて、停職「出勤」。この停職「出勤」で、通行する方々

停職「出勤」

から声援を受け、時には冷たい飲み物やカンパをいただくこともありました。

また何よりも、生徒たちが応援してくれました。下校時に立ち寄っておしゃべりをしていく生徒たちで、校門前はにぎわいました。放課後となる十五時半から勤務時間終了の十七時過ぎまで毎日校門前で過ごした生徒もいました。そうした中、三年生の一人の生徒が、私が掲げたプラカードの横に、自分でつくったプラカードを並べてくれました。「どう思いますか？　私たちの先生は、君が代を斉唱しなかったため、一カ月の停職処分になりました。」と題して、半分は諸外国の卒業式での国旗・国歌の扱いについて調べたことを、もう半分は自身の意見を書いて。

その生徒は、卒業間近になった頃私に告げました。「根津先生を見ていて、おかしいことにはおかしいと言っていいんだということがわかりました。私はこれからそう生きていきます」。「先生はすごい」と評価するのでなく、自身の生き方を考えるきっかけにしたことに、私の方が学ばされました。「根津先生がいたから日の丸・君が代のことを考えることができる。いなかったら考えようがない」とかなりの生徒から言われました。「先生

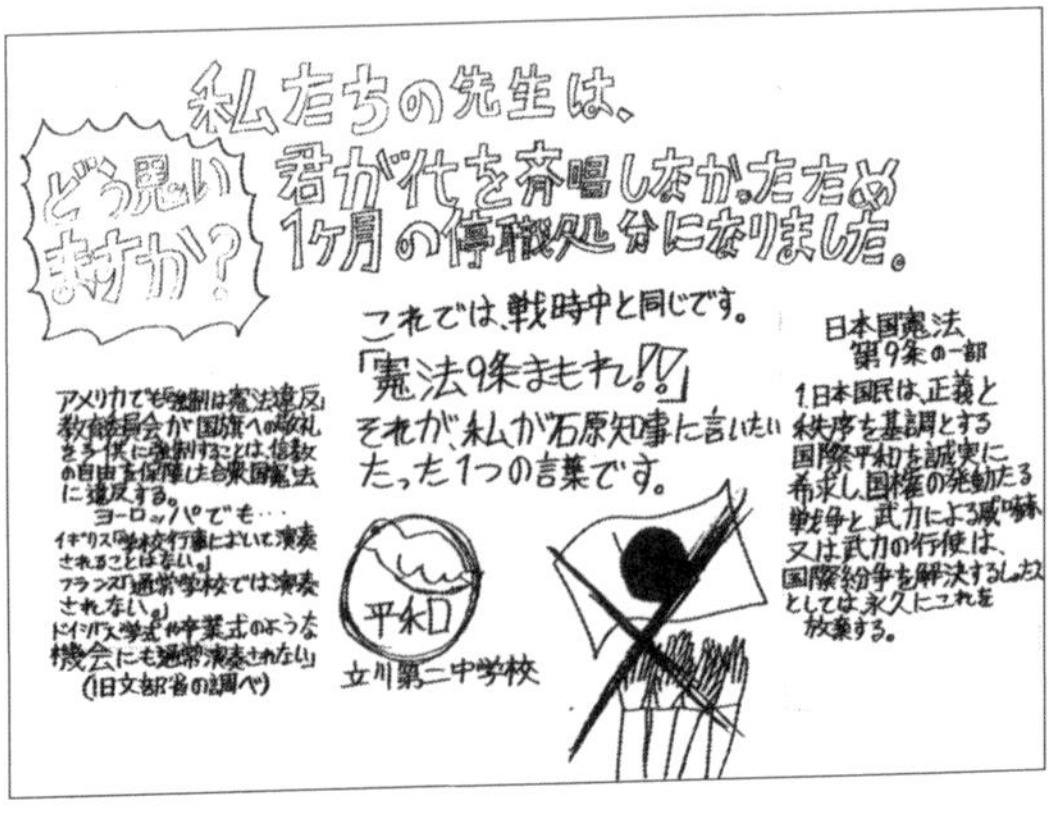

プラカード
三年生の生徒がつくってプレゼントしてくれたプラカード

がこうしていることを我が子が目にし、今はわからなくてもいつかこのことの意味が分かる時が来ると思います。ありがとうございます」と告げてくださった保護者もおられました。こうしたことがあって、停職「出勤」をする意味を確認させられ、以降、私は停職期間中にこれを毎年続けることにしました。

「ルールを守らないなら教員辞めろ」

〇六年三月三十一日付で停職三カ月処分を受け、翌日の〇六年度、町田市の中学校に異動となりました。四月一日から停職とされたので、授業開始は七月一日から。ここでも停職期間中は校門前に停職「出勤」をしました。一〇・二三通達から三年目となった、この年度の生徒は自身の小学校の卒業式も中学校での入学・卒業式も一〇・二三通達が出された中で行なわれましたから、根津のような「君が代」斉唱を拒否する教員を目にすることはありませんでしたし、「『君が代』起立斉唱に私は反対」というような話を教員から聞くこともなくなっていました。そうなると生徒たちは――。

ここでは四月半ば頃、地域の自民党市議会議員を中心に停職の終わる六月三十日までに「根津を都教委に返す」、つまり、七月一日からこの中学校で勤務させない運動が始まり、生徒たちも「学校はルールを教えるところ。ルールを守らないならば教員辞めろ」というキャッチフレーズによってこの運動に巻き込まれて行きました。何とうまいキャッチフレーズか！と思いました。「君が代」起立をしない根津に対して生徒たちは、「ルールを守らないならば教員を辞めろ」と言い、「君が代」を歌い、あざ笑いました。調布や立川の生徒たちとは全く違う対応でした。この対応の違いは、全ての教員の起立する姿を通して「日の丸・君が代」は尊重するものと生徒たちが認識するようになったということです。生きてきた時間が少なく、以前を知らない生徒たちは、「日の丸」に正対し「君が代」を歌うことが当たり前、それをしない教員は教員失格、辞めるべきと思ったのだと思います。この現実に私自身が驚きました。また、さらに驚いたことは――。

同僚たちは「日の丸・君が代」の強制に反対する人が多く、職場の雰囲気は友好的でしたし、私のことも心配してくれましたが、生徒たちの私への嫌《いや》がらせには沈黙しました。職員室では私とおしゃべりしますが、廊下に出ると口をつぐみました。

　三月には授業が終わり階段を下っているときに、私は後ろから生徒に突き飛ばされ転げました。清掃用モップのモップ部分が廊下に落ちていたのでそれを私は拾ったのですが、そのモップを私から奪おうとしたのだと思います。転げた私の横を二人の同僚が通りかかりましたが、一人は見えなかったかのように無言で通り過ぎ、もう一人は「どうしたのですか」と声はかけてくれたものの、返事は聞かずに通り過ぎました。近くにいた生徒たちに聞くこともしませんでした。二人の行為は、生徒たちの根津叩きにお墨付きを与えたと思います。

　これに対し皆様は、「まさか」とか「なぜ」、と思われるでしょう。二人の行為は、いや、他の教員たちの対応も、生徒や地域から「第二の根津」と見られるのを恐れてのことだと思いました。いじめを見ても見ぬふりをする多くの子ども（いや、大人の職場でもいじめは多い）と同じ心理です。

　この中学校も一年で異動させられ、〇七年度に異動させられた養護学校で、さらには〇八年度に異動させられた別の特別支援学校でも、卒業式「君が代」不起立でどちらも停職六カ月処分を受けました。〇六年度卒業

養護学校
　養護学校は〇八年度から特別支援学校に呼称が変わった。

少国民
　天皇陛下に仕える小さな皇国民。戦時体制が進み、小学校が国民学校と改称された一九四一年には、学童は「少国民」と呼ばれるようになりました。

式で停戦六カ月処分とされましたから、〇七年度の卒業式では免職を覚悟せざるを得ませんでした。

「少国民」はたちまちのうちにつくられる

〇六年度の生徒たちは、教員から「日の丸・君が代」について話を聞くこともなければ、「君が代」斉唱時に起立を拒否する教員の姿を見ることもありませんでした。この件に関する新聞・テレビ報道もほぼなくなっていましたから、生徒たちは「日の丸・君が代」、国旗国歌は尊重すべきもの、さらに国は絶対であり、その指示には従うものという思考、そして、批判する少数者は排除すべきという思考を身につけていったと思われます。「教育委員会に言いつけるぞ」と私に向かって言った生徒もいました。これは、教員の沈黙によって子どもたちが非常に速い速度で「少国民」になっていったということであり、八十年前の子どもたちと同じです。当時軍国少女だった北村小夜さんは当時の教員が沈黙していたから私は軍国少女になったのだと言っています。このことについては後述します（↓Q８参照）。

この中学校では、「非国民」とされた根津が存在したから生徒たちの急

日の丸・君が代 強制反対の根津教諭
卒業式で起立拒否
「物言えぬ学校になる」
「大人の話うのみにせず考えて」

教え子ら「辞めさせないで」
管理と服従の場 学校に警鐘も

東京新聞二〇〇八年三月二十五日付

速な変化が表出したのであって、もしも根津が転任してこなかったなら、生徒たちのこの変化は顕在化しなかったはずです。

これには後日談があります。翌〇七年度に私が異動となった養護学校の卒業式での「君が代」不起立で、根津が都教委の狙っていた懲戒免職（解雇）にならなかったことの喜びを、〇八年三月末日、ネットだけでなく、新聞やテレビまでもが報じてくれました。〇六年度のこの生徒たちはこれらを読み、あるいは視聴し、世間には地域のおじさんおばさんが言うこととは異なる意見があることに気づいたのでした。〇八年四月にこの中学校に停職「出勤」した際に、私は生徒たちから〝英雄扱い〟されました。

こうした体験を通して、「日の丸・君が代」についても、私は生徒たちが自身の頭で考え判断するに足る資料を教員が提供することの重要性を再認識しました。卒業・入学式で「君が代」起立・伴奏を拒否しなくても、「日の丸・君が代」の意味や歴史、処分について、教員が生徒たちに提示できる資料は沢山ありますし、自身の考えを語ることで処分とはなりません。教員にはぜひそれをしてほしいです。

こうした生徒がほとんどの中、「非国民」の扱いを受けながらもめげな

「大勢動けば変えられる」
君が代不起立 処分の根津さん 免職見送りに笑顔

【2008年4月1日 東京新聞(朝刊)】

東京新聞二〇〇八年四月一日付

い根津を見て、学んでくれた生徒が何人かいました。その一人は、「先生を見ていて、いやな時にはいやと言っていいんだとわかりました」と授業・教員評価の用紙に書きました（この学校では年度末に、生徒による教員評価が実施されていました）。この生徒はこれまで、「なぜ皆がすることをお前はできないのか」と責められてきたのではないか。その生徒が、自己を肯定できてよかったと思いました。と同時に、同調しない者を容赦《ようしゃ》しなくなった地域や子どもたちにこそ、停職「出勤」で、私の姿を晒《さら》していこうと思いました。

〝教育〟の結果は、何年、何十年先になることは多々あります。後々、自身が体験する中で気づくのですから、むしろ、こうしたことの方が多いと思います。下欄の『朝日新聞』にあるように、私がこの学校に在職した当時一年生だった福田和香子さんは、「式典で君が代を歌わない教諭」であった私の問題提起・行動を、ご自身が声をあげ始めたことで受け止めてくれたのでした。

何も言わないのイヤ

わたしが皆と同じ制服を着ていた頃、空気の読めない子を指すKYって言葉がはやりました。路上に出て気づきました。この国では意見を持つ行為が、空気が読めないことになるらしいんです。（6月下旬、渋谷駅前のスピーチ）

福田和香子さん

和光大4年の福田和香子さん(21)には苦い思い出がある。子どものころ、式典で君が代を歌わない教諭がいた。朝夕校門前に立って、歌わない理由を話す。「やばくない？」と薄く笑う友達。見ぬふりをする学校側。彼氏の目を気にして、通り過ぎた自分。

大学2年の時に、特定秘密保護法案に疑問を持ち、国会前に座り込んだ。活動を始めると、離れる友達もいた。でも、声を上げる。「何を言ってもいいはずの民主主義の国で、何も言おうとしないのは絶対いや」

『朝日新聞』2015年7月11日付

折々のことば　鷲田 清一　115

この国では意見を持つ行為そのものが、空気が読めないってことになってしまうらしいんです。

福田和香子

式で君が代を歌わない教諭を笑う友だち、気づかないふりした自分、目を塞いだ管理職。そんな苦い記憶から抜け出るためにデモに参加したと、この学生は言う。周りのコンテクストに自分をはめ込むのでなく、自らコンテクスト（脈絡）を紡ぎだしてゆく。個人が一人の「市民」となるのはそこからだ。本紙7月11日の記事から。

2015・7・27

福田さんの発言に哲学者・鷲田清一氏が『朝日新聞』2015年7月27日付「折々のことば」で

Q7 「君が代」起立斉唱の職務命令になぜ従わなかったのか？　【河原井の場合】

「一〇・二三通達」は教職員に起立斉唱を強制するもの。「イエス・ノーをはっきり言おう」と言ってきた私にとって、「君が代」不起立は教育実践の一つでした。

都教委が二〇〇三年に出した「一〇・二三通達」って何？

私は、卒業式や入学式で立って君が代を歌うことを拒否して、戒告処分から始まって停職一カ月、停職三カ月、停職六カ月という懲戒処分を受け続けました。事の始まりは、二〇〇三年十月に都教委から都立学校の校長宛に出された一〇・二三通達です。一〇・二三通達というのは、入学式・卒業式に関する一切のことを都教委側から通達してきた中身で、簡単に話しますと、要するに入学式・卒業式においては、壇上の中央に掲示された日の丸に向かって起立して君が代を大きな声で歌いなさい、ということです。

その通達の中身は本当に細部にわたっていて、教職員の服装についてもどんな服装で臨むかまで示してきました。これも教育に対する不当な介入であると思います。

その通達が出されるまでの多くの学校の入学式・卒業式でのありようというのは、確かに日の丸は三脚で会場の片隅にあったのですが、君が代については会場において管理職が内心の自由を守りますということで、「ご賛同ある方はお立ちください。」と一言話をして、実際には管理職だけが立って君が代のテープが流れるというのが、多くの学校でありました。

それまではまだ職員会議が健在でしたので、入学・卒業式委員会が、その実施の原案を出すのです。それで管理職側はそれに対する対案を出す。入学・卒業式委員会が出す原案はもちろん日の丸・君が代のないものが出されるわけです。管理職側は立場上、日の丸を三脚に立てて会場の片隅に置かせてほしい、それから君が代はテープで流させてほしい、ということで対案を出します。喧々諤々《けんけんがくがく》の結果として、まあ妥協策ですね、当日会場で管理職から児童生徒に思想・内心の自由について説明し（つまり君が代を歌うか歌わないかは各自の自由だということです）、そして「歌うことに賛同する方のみお立ちください」という形で、多くの学校で同じように実施されてきました。

一〇・二三通達というのは二〇〇三年十月に出されましたので、一〇〇三年度の入学式はもちろんフロアで対面式で行なわれていたんですが、その年度の卒業式は一〇・二三通達のまさにその通りの卒業式を実施せざるをえなかったという状況があります。

その時に河原井がいた七生養護学校はとても民主的な学校でしたので、職員会議もかなり活発な意見が出て、いろんな角度からいろんな人が議論し合えるという素地がありました。それで一〇・二三通達が出た後の卒業式では私は九九パーセント近い教職員が不起立で臨むと思っていたのですが、実際には不起立したのは私だけだったという状況でした。私はこの一〇・二三通達がどうしても受け入れられなくて、そのためにその後毎年懲戒処分を受けてついには停職六カ月という重い処分を受けました。

不起立はみんなへのメッセージ

私は、大学卒業後三年間は「障害児（者）施設」の施設労働者として働き、その後三五年間教員として勤務しました。その教員生活を振り返って

「日の丸・君が代」被処分者のいま

「反対」だった同僚起立

私だけが座っていた

4回不起立・河原井さん

21日に予防訴訟判決

東京新聞二〇〇六年九月十九日付

みると、私はすごく素朴なことを大切にしてきたなあと感じます。ひとつは子どもたちにどんな時でもイエス・ノーをはっきり言おうね、ということです。それは憲法でも、子ども権利条約でも、教育基本法でも最大限守られているので、安心してお互いに事実を言い合っていこうということです。それからもう一つは、「女らしくする」とか、「男らしく生きる」とかいうことが大切なのではなくて、お互いに「自分らしくしていく」ということが大切で、それがどういうことなのか、それをお互いに考えあっていこうね、ということでした。この二点においても、上から一方的に日の丸・君が代を強制し、従わなければ懲戒処分するという一〇・二三通達を私はどうしても受け入れることができませんでした。

教員生活三五年間の多くは「知的障害」のある子どもたちと向き合ってきたのですが、ある時は「視覚障害」のある盲学校にいたこともあります。それから車椅子の子どもたちが通学する肢体不自由校にいたこともありました。いろいろな「障害」を持つ人たちと向き合ってきました。ややもすると「障害」があるがゆえに、非常にイエス・ノーが言いにくい状況がありますですからイエス・ノーをはっきり言おうということは、私にとっては何をもっても手放すことができない教育者としての信念そのものでした。

この素朴なメッセージを大切にして、私は教育実践のひとつとして静かに不起立をしてきたのですが、それが二回、三回と続き、四回目の不起立は調布養護学校のちょうど三十周年の周年行事があった時でした。都教委は入学・卒業式と同レベルで周年行事も日の丸・君が代の強制を言ってきています。この調布養護学校の周年行事が一月二十五日にありました。この時もどうしても立つことができずに、私に対して管理職が休暇を強制してきました。しかし休暇を取って済む問題ではありませんので、自分だけ休暇を取って逃れるというのはどうしても選び取ることができませんでした。それで周年行事に出席して起立せず歌いませんでした。この四回目の不起立で停職一カ月の処分を受け、その後停職三カ月、停職六カ月と重たい処分を毎年受けました。

停職処分にもめげない秘訣は？

停職処分が三月十三日に発令されましたので、停職が三月十四日から四月十三日という期間になりました。この間に異動がありましたので、三月三十一日までは調布養護学校、それから年度を変え四月一日から十三日までは八王子東養護学校での停職となりました。

前半の調布養護学校での停職は、校長はたまたま私が八王子養護学校で働いていた時の同僚でした。この方は八王子養護学校では、総合的学習で「平和・命・人権」ということをとても大切にして実践していた方でした。修学旅行も広島で行なっていました。その修学旅行を担当した一人だったのですね。それで調布養護学校で、校長として出会いました。その校長が休暇を言ってきたのですが、この校長はある意味では良心的なものを捨てきっていない人だと思います。三月十三日というのはまだ授業もありますので、私としては突然子どもの前から姿を消すという形になるわけです。どうしてもそれは受け入れられないということで、私は「学校へ行きたい。停職ではあるけれども勤務を続けたい」と申し入れました。そんなことが実現するわけはないのですが、苦肉の策で要するに異動準備という名目で、荷物の整理ということならいいということで、翌日から正常に学校に勤務しました。私が「勤務しに来ました」と言いますと、管理職はそれを受け入れることはできませんので、「いやいやただ荷物の整理です」と言うのですが、そういう形で職員室にも教室にも行ける状態がありました。停職は給料がでないという非情な処分だとは思いますが、校長の対応としては最大限配慮してくれたのだと思います。

不起立をしたことによって、担任したクラスの子どもの親御さんで沖縄の出身のご夫婦と知り合いました。その方が私のふるまいを全面支持するということで、かなり支援をしてくれました。その方といろんな話をしましたが、沖縄戦の話になって「あれは庶民の一人ひとりが恐ろしくて、怖くて、戦争反対・戦争は嫌だと言えなかった結果です」とおっしゃるんですね。「私たちは再びあんなことは繰り返さない」と話し合っているというのです。

その方の小学校時代、沖縄の小学校の教員たちはストを随分打ちました。「ストを打つ教員の後姿を見て、私たちは育ちました」と言うのです。「今東京の学校はとってもキナ臭くて大変なのに、どうして先生たちはおとなしいのですか。どうして何も行動を起こさないのですか」ということを散々言われました。不起立をすることによってそういう出会えない人たちと出会えたということでは、停職の二週間、調布養護学校では貴重な体験をしたなあと思っています。教員とはなかなか出会えなかったのですが、用務員の方と出会えました。学校の状況が非常に厳しいということが、用務員さんの勤務にも反映しているということをおっしゃられて、もちろんその方は「日の丸・君が代強制反対の立場で式には出ない」ということをきちんと公言されているし、それなりの態度表明をされている方でした。

私は卒業式には出られませんでしたので、当日朝、最寄の京王線の調布駅で「卒業式に出られない教員がいるということを知っていますか?」というビラを配布しました。多くの人たちがビラ撒きに来てくれまして、北口と南口であっという間に何百枚というビラが撒けました。

その後四月三日は八王子東養護学校の勤務初日だったのですが、勤務したいということで行くと、ちょうど玄関で校長に会いました。校長が「何事だ」ということで、「あなたは停職中ではないか。校舎に入ることは許さない」と言うのです。それで私は「今日は初日なので、教職員に紹介してほしい」と言いましたら、校長はうろたえてものが言えなくなりました。この校長は自分で判断できませんから、「都教委が」というのが絶対の判断なのですね。それで私は「机の上にはプリントもかなり出ていると思いますし、とにかく職員室にいきたい」ということで職員室に行きました。そうしたら周りの教職員は温かく迎えてくれまして、一緒に組む学年の人たちと簡単な打ち合わせが即始まりました。そうこうしていると副校長がこわばった顔で来まして、「八時半になったら校舎外に出てほしい」と言うのです。強行するとまたいろいろな処分理由が付くことが予想されましたので、私は八時半には校舎外に出ました。そして入学式の時は最寄のJRの日野駅と豊田駅で今度は「入学式に出られない教員がいるということをご存知ですか?」というビラをかなりの枚数撒きました。

人事委員会に提出した私の陳述書の中で、「処分ではなく、対話を」という文章を書きました。今は教育現場に本当に対話・議論がなくなっています。これは危機的状況だと思っています。

Q8 「君が代」起立斉唱・伴奏の職務命令に従わない教員は少ないよね？

間違いと思う職務命令に従ってしまう多くの教員。職務命令の先にある国家の狙い、そこに思いを巡らすことが必要かと思います。

多くの教員は反対

一〇・二三通達が出された二〇〇三年度に不起立・不伴奏で処分された教員は二〇三名。その後今日時点での不起立・不伴奏処分者数は延べ四八四名。筆者二人が延べ六回、七回の処分を受けるなど、一人で複数回の処分を受けた人は他にもいます。東京の小・中・高校教員数は六万人余。不起立・不伴奏者がもっとも多かった初年度のその割合が〇・三四％です。ならば、「日の丸・君が代」の強制に反対するのは教員のひと握り、一％にも満たない、と思われるでしょう。

しかし、そうではありません。根津が在職した八王子の中学校のように、教員たちの多くは、「日の丸・君が代」の歴史や意味を考え、掲揚《けいよう》・斉唱に反対の考えを持っていました。しかし、そう考える教員のほとんどが、一〇・二三通達以降は処分されないよう卒業式・入学式に休暇をとるとか、意に反して起立するとかしてきました。強弱はあっても、反対の気持ちを持つ教員たちが、なぜ、意に反する行為をしたのでしょう。処分を避けたのでしょう。

〇六年度の町田の中学校の生徒たちがたちまちのうちに「少国民」になったことに見られるように、子どもたちは起立斉唱する教員たちの姿から「学び」ました。これが事実なのですから、不起立・不伴奏教員を処分することで、都教委が何を企んでいるのか、それによって子どもたちに被害はないのかを教員には熟慮してほしいと筆者らは思ってきました。

「戦争は教室から始まる」

戦後の一九五〇年から東京で教員をされてきた北村小夜さん（一九二五年生まれ）は、ご自身が教員の言動に影響を受けて軍国少女に育ってしまった体験から、「戦争は教室から始まる」と言われます。「私を教えた先生たちの中にも、本当は戦争に協力したくなかった方もたくさんいたはずで

東京都の「君が代」不起立・不伴奏処分の推移

※「日の丸・君が代」不当処分撤回を求める被処分者の会事務局まとめ

処分年度	処分内訳	被処分者数
03年周年行事	戒告	10
03年度卒業式	戒告　減給1月	193
04年度入学式	戒告　減給1月	40
小計		243
04年度卒業式	戒告　減給１月　減給６月	53
05年度入学式	戒告　減給１月　停職１月	10
小計		63
05年度周年行事	停職1月	1
05年度卒業式	戒告　減給１月　停職１月　停職３月	33
06年度入学式	戒告　減給１月	5
小計		39
06年度卒業式	戒告　減給１月　減給３月　停職１月停職３月　停職６月	35
07年度入学式	戒告　減給１月　減給６月	7
小計		42
07年度卒業式	戒告　減給１月　減給６月　停職６月	20
08年度入学式	減給３月	2
小計		22
08年度卒業式	戒告　減給1月　減給6月　停職3月　停職6月	12
09年度入学式	減給3月	1
小計		13
09年度卒業式	減給１月　減給６月　停職１月	4
10年度入学式	戒告　減給１月	3
小計		7
10年度卒業式	戒告　減給１月　減給６月　停職６月	6
11年度入学式	戒告	1
小計		7
11年度卒業式	戒告	3
12年度入学式	戒告	1
小計		4
12年度卒業式	戒告　減給１月	6
13年度入学式	戒告　減給１月	3
小計		9
13年度卒業式	戒告　減給１月	4
14年度入学式	戒告　減給１月	2
小計		6
14年度卒業式	減給1月	1
15年度卒業式	戒告　減給１月	4
16年度卒業式	戒告　減給１月	2
17年度卒業式	戒告	1
再処分　＊		21
現在総計		484

表の＊再処分：2012年1月に出された最高裁判決は「戒告は違法ではないが、減給以上の処分は違法」としました。その後の不起立に対し、都教委は3回目までは戒告としましたが、4回目以上は最高裁判決が違法とする減給1カ月処分を出してきました。その減給処分を取り消した最高裁判決を受けた教員に対し、都教委は戒告なら問題なかろうと、再処分をしてきました。

す。でも、誰もはっきりと問題点を指摘したり、抵抗の姿勢を示したりする人はいませんでした。抵抗の姿勢を示さないということは、協力していること、賛美していることと同じなわけです。だから私は軍国少女に育った」（『増補版　戦争は教室から始まる』現代書館）のだと。

このことは、再び、今の教員たちがしていることだと筆者らは思います。年を追うごとに不起立・不伴奏教員は少なくなり、子どもたちが先生の不起立を目にすることはなくなってしまっています。子どもたちは、多くの先生が「日の丸・君が代」やその強制に反対の気持ちや疑問を持っているということを知る機会がないのですから、「国歌斉唱」で起立する先生たちの姿を見て、先生たちは「日の丸・君が代」を尊重していると受け取ります。

「君が代」斉唱時に会場にいなくても、その教員が「日の丸・君が代」に対して沈黙しているのであれば、子どもたちにとっては、起立する教員と同じに映るでしょう。まさか、教員たちが起立斉唱に疑問を持ちつつ、その行為をしているとは想像しないでしょう。

こうしたことに教員は自覚的であってほしいと思います。そうしないと、再び「戦争は教室から始まる」ってしまいます。

歴史は繰り返します。日清戦争（一八九四年）、日露戦争（一九〇四年）の際には社会は戦争ムード一色にはなっておらず、徴兵されるのを嫌った人たちが多くいました。そこで、明治政府は学校教育、すなわち子どもを通して戦争を鼓舞することを考えたと言います。実際に社会はその通りに進んでいき、戦争に反対する人は検挙、投獄されていきました。その一つが、幸徳秋水《こうとくしゅうすい》らが明治天皇の暗殺計画を準備したとでっち上げ、大逆罪（天皇及び天皇家の人を殺す、殺そうとした罪）で死刑にした大逆事件《たいぎゃくじけん》（一九一一年。関東大震災の直後）です。これについては中学校社会科で習ったと思います。

一〇・二三通達下での卒業・入学式は「ただいまから〇〇年度〇〇学校の卒業式を挙行します。皆さん、ご起立ください」との司会のアナウンスに続けて、「国歌斉唱」のアナウンスが入ります（一〇・二三通達以前は、「国歌斉唱、皆さんご起立ください」というアナウンスでしたから、この変更も都教委の「指導・助言」によるものだと思います）。「国歌斉唱」を拒否する人は、ここで一人座る行為をすることになります。あえて座るのは決断のいることですから、歌いたくないという気持ちを持ちながら起立をしている人もいるということです。

再びアイヒマンを生み出すことのないよう

「日の丸・君が代」の強制に対する教員たちの姿勢について、安川寿之輔さん〈名古屋大学名誉教授〉は次のように発言されています〈『運動〈経験〉・三二号』、二〇一〇年十二月〉。

「強制収容所への『ユダヤ人輸送』の任務を遂行して死刑となったドイツのアイヒマンという人物がいました。人一倍真面目に、時にはクソ真面目に働く私たち日本人は、常に国家や上司の命令・指示に忠実な『潜在的《せんざいてき》アイヒマン』になる可能性を持っています。私は今の日本の『日の丸・君が代』の暴力的強制の教育実践の犯罪性を深刻に懸念しています。残念ながら、今の日本では、個の人格と個性を圧殺する集団訓練・教育がなおまかり通っています。国旗・国歌の掲揚・斉唱強制の教育実践は、日本社会の悪しき集団主義を解体するのでなくて、逆に集団同調《しゅうだんどうちょう》の強化さえもたらし、生徒や青年が、集団に埋没して行動する訓練を日常的に積み重ねています。日頃尊敬する教員も、文科省以下の『上の者』の前には頭があがらないというみじめな姿を、生徒たちに見せつけることによって、生徒たちに何よりも、権力への、上の者への服従・同調・帰依《きえ》を教えこもうとする最悪の教育実践です。その教育は、子どもが主権者意識や、独立した人格に目覚めることを確実に遅らせ、日本の青年がふたたび『潜在的アイヒマン』になるのを育成する教育そのものだと思っています」

敗戦後のドイツの裁判で虐殺の責任を問われたアイヒマンは「私は上官（ヒットラー）の命令に従っただけ」と言ったのでした。命令に従っただけだから、私は悪くない、ということです。無自覚で行なってしまう行為について、人はいいことか否かを常に問うていくことが大事と思います。

無自覚で行なった自身の行為について、敗戦後一人の教員がつづった詩を読んでいただきたい。過去のことではなく、近い将来こうならない、させないように。

竹本　源治

戦死せる教え児よ

逝いて還らぬ教え児よ

帰依　神や仏の力を信じ頼る、依存すること

兒　児の旧字体

私の手は血まみれだ！
君を縊つたその綱の
端を私も持つていた
しかも人の子の師の名において
嗚呼！
「お互いにだまされていた」の言訳が
なんでできよう
慚愧　悔恨　懺悔を重ねても
それがなんの償いになろう
逝つた君はもう還らない
今ぞ私は汚濁の手をすすぎ
涙をはらつて君の墓標に誓う
「繰り返さぬぞ絶対に！」

（『るねさんす』四四号　一九五二年）

Q9 不起立教員処分は、子どもたちに「日の丸・君が代」を尊重させるため？

二〇〇六年度の生徒たちがたちまちのうちに「少国民」になっていくのを目の当たりにしたことで、教員処分の目的の第一はこれだと実感しました。

「起立しない教員がいると、……」

「起立する教員と起立しない教員がいると、児童生徒は起立しなくてもいいのだと受け取ってしまう」から不起立教員を処分するのだと、都教委は筆者らが提訴した裁判の書面で主張しています。実に正直な主張ではありませんか。

一〇・二三通達が出された最初の二〇〇三年度周年行事（創立五〇年とか）・卒業式・続く〇四年度入学式では、「君が代」起立をしなかったのは教員だけでなく、高校生や中学生も相当数いました。ほとんどの生徒が起立しなかった学校も何校かありましたし、一人とか数人とかが起立しなかった学校もありました。当時、一〇・二三通達の是非を巡って報道がなされ、また、教員から話を聞いて、中高生も少数ですが関心を寄せていたのでした。

　こうした生徒たちを前に、都教委は一〇・二三通達だけでは不安だったのでしょう。〇四年三月十一日には、教員が「内心の自由の説明を生徒にすることを禁止する」通知（タイトルは「入学式・卒業式の適正な実施について（通知）」、「三・一一通知」と言う）を出しました。さらに〇六年三月十三日には、この年の都立農芸高校定時制の卒業式で、卒業生の大半が「君が代」起立をしなかったことから、「入学式、卒業式等における国旗掲揚及び国歌斉唱の指導について（通達）」を急きょ、出しました。通知ではなく通達に格上げし、その内容は、教員が扇動するから生徒が起立しないのだ、教員は扇動するな、というものです。生徒たちが自身の意思・判断で思想・良心の自由の権利を行使したとは、都教委は見ないということです。

　その後、「起立をしない生徒がいたら、その生徒が立つまで式を始めない」と式の冒頭に告知する（都教委から告知をさせられる）学校が現れました。ここまで来たら間違いなく、子どもたちの思想・良心の自由を制約します。反抗する者は子どもも見逃しはしない、とするものです。後

三・一一通知

「1．ホームルーム活動や入学式・卒業式等の予行などにおいて、生徒に不起立を促すなどの不適切な指導を行わないこと

　2．生徒会や卒業式実行委員会等の場で、生徒に不起立を促すなどの不適切な指導を行わないこと」などについて、校長に「教職員への指導の徹底を」指示し通知しました。

三・一三通達

「……また、『入学式・卒業式の適正な実施について（通知）』（平成一六年三月一一日付）により、生徒に対する不適正な指導を行なわないこと等を校長が教職員に指導するよう通知した。／しかし、今般、一部の都立高等学校定時制課程卒業式において、国歌斉唱時に学級の生徒の大半が起

述しますが、一九九九年の国旗国歌法（正式名称は「国旗及び国歌に関する法律」）の国会で小渕首相（当時）は「子供たちの良心の自由を制約しようというものではない」と答弁しました。都教委のこのやり方は、その答弁に反するものです。

なお、都立農芸高校定時制の〇六年卒業式前日の予行演習で、「内心の自由」があることについて、「『君が代』を歌いたい人は歌い、歌いたくない人は自分の思想・信条に従って判断して結構です」と説明した社会科教師は、発言が「不適切な指導」だとして、都教委から「厳重注意」という事実上の処分（賃金面での不利益はないが、嫌がらせ等は予想される）を受けました。

都教委は裁判の書面で次のようにも主張しました。「児童・生徒に内心の自由があることは当然であるが、学校では別途、社会科等の授業で内心の自由を含む憲法の規定や我国の近現代史を教えているのであって、これから国歌斉唱をする前日、それについてわざわざ発言するということは、学習指導要領に基づき、『国歌を斉唱するよう指導する』ことに反するものである。／学習指導要領に基づき、国歌の指導が適切に行われているな

立しないという事態が発生した。／ついては、上記通達及び通知の趣旨をなお一層徹底するとともに、校長は自らの権限と責任において、学習指導要領に基づき適正に児童・生徒を指導することを、教職員に徹底するよう通達する」

通達
　文書には通知と通達があります。通達は「上級行政機関が関係下級行政機関に、また、職員に対し、職務に関して命令するために発するもの」を言います。通知文書には、命令の効力はありません。

らば、学校教育における儀式的行事において国歌斉唱時にクラスの大半が起立しないという事態は考えられず、そうであれば国旗・国歌の指導が適切に行われていなかったと考えざるを得ない」と。

内心の自由について、九月や十二月に発言するのはよいが、式の「前日に発言したら学習指導要領に反する」とはいったい、どういうことでしょう。ここにも、教員が扇動するから生徒がそれに乗せられるという都教委の見解が見えます。

教員の支配管理も

一〇・二三通達の目的は、子どもたちに「日の丸・君が代」の尊重を刷り込むことの他にもう一つ目的があります。教員対策です。教員を一人の例外なく「君が代」起立・伴奏の職務命令に従わせることによって、都教委の「指導」・意思通りに動く学校体制にすることでした。二十年前までのように、各学校が職員会議で生徒の声も取り入れて議論を交わし採決して学校をつくることを止めさせ、校長が都教委の「指導」（指示）どおりに職員を動かす学校にしたかったのです。処分とその脅しによって、たちまちのうちに東京の学校はそうなってしまいました。

それを裏付ける都教委の発言や通知をあげると——。一〇・二三通達を発出した同日に、都立学校の校長を集めた「説明会」において、横山教育長は「卒業式、入学式で着席のままの教職員がいるが、これは運営の妨げである」「(卒業式等の適正実施は)儀式的行事の問題にとどまらず、学校経営の問題である」と、近藤指導部長は「この通達は都教委から各校長への職務命令である」、臼井人事部長(ともに当時)は「教職員を職務命令に従わせることが大事」と発言しました。

〇四年四月に全都の校長を集めた平成一六年度教育施策連絡会では、先ほど述べたように故鳥海巌教育委員が「(不起立教員は)半世紀の間につくられたがん細胞みたいなもの」と発言し、故米長邦雄教育委員(棋士)は、「校長先生は一国一城の主ですから、とにかく城主を助けると。その一点でやってまいりました。この数年間に東京都の教育委員会が行ったことは、とにかく校長を助ける、味方をする。校長に楯突く者、あるいは校長をいじめる者は徹底的に教育委員の権限において、決定的に校長のためにやったはずであります」と校長たちに檄を飛ばしました。

業績評価

①学習指導、②生徒指導・進路指導、③学校運営、④特別活動・その他、⑤総合評価について、校長が各職員を評価する制度で、都教委は二〇〇〇年度から始めました。二〇〇六年度からは、評価によって賃金に格差が出るようになり、A～D評価で「総合評価」が最下位のD評価の者はA評価の者にお金が流れることになりました。

ちなみに根津の評価は、二〇〇七年度は、①がD、②がC、③がD、④がC。⑤が「D」。〇八年度に転任となった学校では、①がB、②がA、③がC、④がB、⑤がBでした。〇八年度の校長は「A」を二つ付けたとのことですが、都教委の担当者に呼ばれて「A」を取り消すよう強く迫られ、一つを変えたとのことです。これも、根津が校長から聞

〇六年四月十三日には都教委は「職員会議での挙手採決禁止」を決め、各学校に周知しました（「学校経営の適正化について（通知）」）。これに対し、「職員の考えを把握しなければ学校運営はできない」と反対の声をあげた校長がいました。当時、三鷹高校校長であった土肥信雄さん。彼は〇八年の定年退職に際し、ほとんどの校長・教員が希望し採用される再任用を希望しましたが、不採用となりました。「とにかく校長を助ける」のではなく、校長とて、都教委の指示命令に異を唱える者は排除するという事例です。都教委にとっては、校長が都教委に意見するなど、想定外だったのでしょうが……。

なお、再任用制度とは、退職後の五年間、希望すれば働くことのできる制度で、ほぼ全員が採用されます。体罰で複数回処分された教員が再任用を希望しても採用されます。しかし、退職前の五年間に「君が代」不起立・不伴奏処分を一度でも受けた教員は不採用とされます。土肥校長も同じ扱いをされたのです。教員希望者が激減し、教員定数を充当できない学校が数多くありますが、それでも、都教委に盾突いた者は採用しません。

筆者らが現職で「君が代」不起立・停職六カ月処分を受けた同時期に、かされたことでした。③の「学校運営」には「君が代」不起立が入ります。同一人物に対する評価が一年でここまで変わることは、通常考えられないことですから、そこには何かがあるのでしょう。

いじめによる自殺が起きた場合、学校側の多くは「気づかなかった」と言います。それは「気づかなかった」のではなく、業績評価に影響するからだと筆者は見ています。体験から言って、近くにいる教員が気づかないはずはありません。

亡くなった人を想起させる黒い縁取りの額縁を生徒に贈って停職六カ月処分になった教員がいました。筆者らの「君が代」不起立はこんなことをする教員と同じほどの酷いこと?と思わざるを得ませんでしたが、こんなことをした教員とて希望すれば再任用されるのです。

年金支給の開始は、以前は六十歳定年退職時からでしたが、二〇一三年からは段階的に支給開始年齢が引き上げられ、六十五歳からの支給に向かっています。六十歳から年金支給が始まるまでの期間、雇用者（ここでは東京都）は希望する退職者を再任用しなければならないと国が決めたため、都教委はその期間は「君が代」不起立処分を受けた教員についても再任用するようになりました。しかし、年金支給の年齢に達すると再任用を打ち切ります。

米長邦雄委員は次のようにも言いました。「教師の異動要綱の見直しですけれども、これは一年で出せるという画期的なルールの改正であります。……どうしてもだめだという人（教師＝筆者）がいます。この人は必ず外に出してください。……必ず出してください。一年ごとにどんどんぐるぐる回る教師が存在して、ではその人たちはどうなるのだと。そういうことは校長先生は考えなくていいのです。…とにかく一年で出す」。

事実、「過去の処分歴」があり、「君が代」起立も拒否する根津について、都教委は一貫して「一年で出す」ことを各校長に「指導・助言」してきました。二〇〇三年度以降、根津は五人の校長に出会いましたが、そのうちの二人の校長が「一年で出すのは忍びない」と言って、異動させないでくれました。

都教委は、抵抗する少数の者を弾圧し見せしめにすることで、他の教員を委縮、沈黙、隷従させます。さらには、都教委の思いのままに飼い馴らします。学校はすでに、そのような状況にあります。処分や異動、業績評価の脅しに委縮し、あるいは発言しても無駄と諦め沈黙し、校長を介した都教委の指示に教員が従ってきたことによって、都教委の狙いはまたたく間に貫徹されていきました。言うまでもなく、この最大の被害者は教育を受ける子どもたちです。教員は都教委・校長の指示に対し、考えずに従うのではなく、子どもの成長につながることかどうかを考えて行動してほしいものです。

Q10 都教委は「君が代」不起立を止めない教員をクビにしたかった？

そうだと思います。懲戒免職が難しければ分限免職で行けると踏んだのか。都教委にとっては体罰よりも職務命令違反の教員が邪魔のよう。

分限処分

二〇一二年の最高裁判決が出される前までの東京の「君が代」不起立処分は、体罰などの処分と異なり、回を重ねる毎に処分を重くしていくというものでしたから、停職六カ月の次の処分は懲戒免職（解雇）しかありませんでした。しかし、全国の人々からの抗議や都教委を批判する新聞報道が多かったからか、二〇〇八年三月末日、都教委は根津を懲戒免職にはしませんでした。できなかったというべきかもしれません。

そんな折、同年七月十五日、都教委は「分限事由に該当する可能性がある教職員に関する対応指針」なるものを出してきました。分限処分《ぶんげんしょぶん》という制度は以前からありましたが、それに関する「指針」は初めてのことでし

分限処分
適格性に欠けると判断された公務員に科される処分のことで、免職・休職・降任・降給があります。

た。「指針」はこのような事例は教員として問題であり分限処分にすべきという事由二〇例を挙げ、事由に該当する教員について、校長の申告をもとに都教委が分限処分を判断するというものです。分限処分のうち、最も重いのは分限免職です。都教委が挙げた分限事由二〇の中には、「君が代」不起立処分を繰り返す教員に対して使えるだろう事由がいくつかあります。「五　上司等から研修受講命令を受けたにもかかわらず研修を受講しない、又は研修を受講したものの研修の成果が上がらない」「七　法律、条令、規則及びその他の規程又は職務命令に違反する、職務命令を拒否する、独善的に業務を遂行するなどにより、公務の円滑な運営に支障を生じさせる」「十四　過去に非違行為を行ない、懲戒処分を受けたにもかかわらず、再び非違行為を行い、都及び教職員に対する信用を著しく失墜させている」です。

分限免職にしたかった都教委

「君が代」起立の職務命令を毎回拒否し、懲戒処分を受けた後に行なわれる再発防止研修も受講はするがその成果が上がらない。そうした筆者ら

懲戒処分と分限処分の違い

職務命令違反とか体罰、セクハラなどの非違行為は懲戒処分に該当し、何らかの事由で職務が遂行できない職員に対しては分限処分を行ないます。分限処分は公務能率の維持が目的ということです。懲戒免職は退職金が支給されませんが、分限免職は退職金が支給されます。

に対して、都教委は分限免職にもっていきたかったのだと思います。

事実、都教委は根津に対してこれを使おうとしました。この「指針」が通知されて二カ月経つかどうかの九月のこと、私は校長から次のように告げられました。「『根津は停職が明けて十月に復帰するが、十一月にはいなくなる。卒業式に根津はいないから心配するな』と都教委から言われた」と。

都教委は根津についての報告を毎日校長に提出させていましたから、その報告を「対応指針」に照らして分限免職に持っていこうと考えていたのだと思います。ほかに、「十一月からいなくなる」理由はありませんから。

しかし、校長は毎日の報告を「異常なし」の四文字で提出し続けてくれたそうです。都教委からは「根津が『異常なし』ということはないだろう。週案も出してはいないだろう」と言われ続けても、校長は「異常なし」の報告を変えないでいてくれたそうです。このことも校長が話をしてくれました。

Q9下欄で、〇七年度に在職した学校の校長と〇八年度に在職したこの学校の校長による業績評価の違いを示しました。〇七年度の校長は間違い

週案
教員が一週間の授業計画を細かく書くもので、都教委は二〇〇〇年頃から教員にこれを校長に提出することを実質義務付けています。

なく毎日の報告についてもひどいことを書いたはずです。都教委は、〇八年度の校長も分限免職の事由に使える、ひどい毎日の報告を書いてくれると思ったのでしょう。

しかし、校長があげた「異常なし」の報告では、分限処分をするための材料にはなりませんから、都教委は根津を分限免職にすることに失敗したのだと思います。校長に対する都教委の圧力はすさまじかったと思いますが、耐えてくれました。

なお、「十一月にはいなくなる」という都教委の発言を聞かされる少し前に、根津は校長からこんな話を聞いていました。「根津さんが今度座ったら都教委は免職にするだろうか、いろいろな人に聞いてみた。ほとんどは『クビにはできない』と言う。しかし、K主任管理主事と人事部長は『クビにできる』と言っていた。根津さんは、都教委が一番クビを切りたい人なのだそうだ。『根津を（卒業式で）会場外に出すな』とも言った。処分をするためだろう」と。〇八年三月に懲戒免職処分を出さなかった以降も、都教委は根津の懲戒免職や分限免職処分を考えていたということです。

Q11 全国の公立学校の卒業・入学式で「日の丸・君が代」実施。なぜ？

「日の丸」だけでなく「君が代」も二〇〇三年度の卒業式から全国実施率が一〇〇％に。それは、教員や保護者・生徒が必要と考えたから？

はじめは「日の丸・君が代」実施についての全国実態調査から

ここまでは東京で筆者らが体験したことを述べてきましたが、つぎに全国に目を移していきます。

文部省は卒業式・入学式で「日の丸・君が代」を実施させようと、早い時期から動き出していました。一九八五年八月二十八日、高石邦男文部省初等中等教育局長（当時）は各都道府県教育委員会（教委）に対し、「公立小・中・高等学校における特別活動の実施状況に関する調査について（通知）」と題する通知を発出し、卒業式・入学式ごとに「日の丸掲揚をしたか。どこにいつ掲揚したか。君が代斉唱をしたか、それは斉唱か奏楽か、あるいは録音の再生か（当時はテープレコーダーでの再生）」と事細かい報告を全国の校長に求めました。さらには、入学式及び卒業式において「日の丸」掲揚及び「君が代」斉唱を行なわない学校には「その適切な取り扱いについて徹底」するよう都道府県教委に強い指導を求めました。「適切な取り扱い」とは、「日の丸・君が代」を実施するということです。「日の丸・君が代」の「徹底」を図る通知は、戦後初めてのことでした。この文書は表題は「通知」となっていましたが、実質は命令の内容でした。

　結果、実施率は一気に増加。かつて高石氏が教育長であった北九州市教委は一九八六年、「国歌斉唱時には児童生徒及び教師の全員が起立して、正しく心を込めて歌う」ことなどを含めた「指導」（「四点指導」という）を通知し、「君が代」斉唱時に起立斉唱をしなかった教員には、一回目は訓告《くんこく》という注意処分を、二回目は戒告《かいこく》、三回目は減給一カ月の懲戒処分を科しました。処分を受けた一九人の教員は裁判に訴え、「ココロ裁判」と名付けました。「学校現場に内心の自由を求め、『君が代』強制を憲法に問う」ことが裁判のテーマで、それゆえに「ココロ裁判」と名付けたのでした（『ココロ裁判意見陳述集　まだまだとおくまでいくんだっちゅうの』二〇〇四年九月一日）。「正しく心を込めて歌う」ことを求められたら、皆様はどう

四点指導

1. 国旗掲揚の位置は式場のステージ中央とし、児童生徒が国旗に正対するようにする。
2. 式次第の中に「国歌斉唱」を入れ、それに基づいて進行する。
3. 「国歌斉唱」はピアノ伴奏で行い、児童生徒及び教師の全員が起立して、正しく心を込めて歌う（傍線は筆者）。
4. 教師は卒業式に原則として全員参列する。

感じるでしょうか。

「調査」を始めた一九八五年度から、完全実施となった二〇〇三年度までの「日の丸・君が代」の実施を見てみましょう。年を追うごとに実施率が高まっていくのがわかると思います（八三頁下欄参照）。

なお、文部省の「調査」に「日の丸を掲揚した」と報告した校長たちのなかには、実際には戸を締め切った校長室に短時間掲げた。それが事実という事例もありました。これは一九九〇年代初め頃、筆者が在職していた八王子市の近隣の小学校でのことでした。根津が在職していた中学校では、まだ日が明けない六時に「日の丸」を掲揚してすぐに降ろした校長もいました。どちらも笑えぬ冗談のようですが、校長の苦慮がわかるかと思います。今と比べれば、まだ余裕のある時代でした。

実施率の増加とともに、実施していない学校には教育委員会が圧力を加えるようになっていきました。「指導」を「徹底」したのです。その結果、校長は職員会議の決定を破ってでも「日の丸」を揚げるようになっていきました。そうなると校長が揚げた「日の丸」を降ろすなどして、各地で教職員が処分されていきました。一九九〇年代は「日の丸」での処分が起き

「日の丸・君が代」処分

89年卒・90年度入で戒告29名　訓告16名

90年度卒・91年度入で停職2　減給2　戒告12　訓告198

91年度卒・92年度入で戒告2　訓告等165

92年度卒・93年度入で戒告8　訓告等41

93年度卒・94年度入で停職2　減給2　戒告9　訓告等21

（根津は93年度卒業式で減給一カ月処分とされました）

（北九州市・広島県では「君が代」処分。広島県については後述します）、「君が代」処分は二〇〇三年度から東京で、二〇一一年度から大阪で始まりました。

一九八九年改訂の学習指導要領による圧力

学習指導要領は、ほぼ十年ごとに改訂されています。その学習指導要領に「日の丸・君が代」が最初に書かれたのは一九五八年でした。「国民の祝日などにおいて儀式などを行う場合には、生徒に対してこれらの祝日などの意義を理解させるとともに、国旗を掲揚し、君が代をせい唱させることが望ましい」と。七七年改訂の学習指導要綱は、「君が代」を「国旗」と変えましたが、「望ましい」は維持しました。「望ましい」を変えたのは八九年の改訂でした。「入学式や卒業式などにおいては、その意義を踏まえ、国旗を掲揚するとともに、国歌を斉唱するよう指導するものとする」と。「（教員は）指導するものとする」という文言が、教育委員会、校長・教員への圧力と働いていきました。

文部省は八五年度から「調査」の結果を公表し、「不十分・不完全な実施

七七年改訂で「君が代」を「国旗」と変えたのは

三原防衛庁長官（当時）らの「有事を考えると平素から教育の場でそれら（国旗・国歌）を教えておくことは必要だ」（七七年十月二十日参議院予算委員会答弁）との強い要求に依ったと言われます。こうした不当な支配は、八五年「調査」通知のときにもありました。

教育基本法十条とその改訂

一九四七年教育基本法は「教育は、不当な支配に服することなく、国民全体に対し直接に責任を負って行われるべきものである。教育行政は、この自覚のもとに、教育を遂行するに必要な諸条件の整備確立を目標として行われなければならない」と規定しました。しかし、二〇〇六年改訂の教育基本法は、「不当な支配に

状況」である都道府県教委に対して実施率一〇〇%を目標に「指導」と言う名の圧力を加えましたから、八九年改訂の学習指導要領は教育委員会や校長にさらに大きな圧力となりました。

八九年改訂の学習指導要領が出されて以降、それまで「君が代」斉唱はもちろん、「日の丸」掲揚も実施していなかった学校では、校長が「国民主権に反する『君が代』までは要求しないが、『日の丸』は入れさせてほしい」と職員会議で発言するようになりました。

根津が在職していた八王子市の中学校の校長もそう言いました。そして、九三年度の卒業式では「日の丸掲揚はしない」という職員会議の決定を踏みにじり、目の前の生徒たちの「校長先生、揚げないで」の声の中、校長は「日の丸」を掲揚しました。後日、「校長先生は生徒の声を無視するのですか」という生徒たちの質問に校長は、「私は上司の命令に従います」。上司とは教育委員会・教育長のことです。「七〇〇：一」（生徒数：校長）で揚げるのはおかしい」との声には、「教育行政とはそういうものです。生徒会で反対決議をしても揚げます」と言いました。これが教育者のことばと言えるでしょうか。

服することなく」は残したものの、続けて「この法律及び他の法律の定めるところにより行われるべきものであり、教育行政は、国と地方公共団体との適切な役割分担及び相互の協力の下、公正かつ適正に行われなければならない。」とし、「教育行政の自覚」を捨て去りました。「公正かつ適正」と教育行政機関及び裁判所が判断すれば、「不当な支配」ではなくなってしまいました。

地方教育行政法四十八条

「文部科学大臣は都道府県又は市町村に対し、都道府県委員会は市町村に対し、都道府県又は市町村の教育に関する事務の適正な処理を図るため、必要な指導、助言又は援助を行うことができる。」と規定。あくまでも、「指導・助言・援助」であって、指示・命令は禁じます。

この時点で、「日の丸」掲揚をしていない東京の中学校は根津が在職する学校と墨田区の一校ということでした（職員会議での校長の発言）。都教委の圧力に八王子市教委が屈し、市教委は連日校長に電話で圧力をかけ、校長は市教委の圧力に屈し職員会議の決定を無視して「日の丸」掲揚を強行しました。校長は「日の丸・君が代」の意義を感じてはいませんでしたから、この年度の入学式までは職員会議の決定に異論を言うことはありませんでした。校長は「日の丸を揚げないで、誰が私を守ってくれるか」と、職員会議で叫んだこともありました。こうした校長のことばや生徒たちへの対応は、校長がいかに市教委の圧力に脅えていたかということです。「日の丸・君が代」の実施をめぐっては、一九四七年制定の教育基本法が禁じた「不当な支配」を文部省・教育委員会が年々強めた結果、実施率一〇〇%となったと言っていいと思います。学校・先生は正しいことを教える、と思っているかもしれませんが、これが実態です。

「日の丸・君が代」全国実施率の推移（各年度の卒業式）　　(%)

	85年	89年学習指導要領	89年	90年	92年	93年	99年国旗・国歌法	99年	02年	03年
日の丸小	92.5		94.7	97.6	98.3	98.4		99.9	100	100
中	91.2		93.9	97.3	97.8	98.1		99.3	100	100
高	81.6		83.8	91.5	94.2	96.4		99.7	100	100
君が代小	72.8		76.7	84.6	85.6	87.3		95.4	99.8	100
中	68.0		71.3	80.4	81.4	83.6		93.6	99.8	100
高	53.3		55.3	86.5	73.4	74.9		96.2	99.9	100

85年度から文部省は「日の丸・君が代」実施報告を求めました。報告を求める直前の85年入学式での実施率は、「日の丸」は小中の別を問わず90%前後、「君が代」は小で46,4%、中で62,3%でした。報告を求めたことで「君が代小」の実施率があがったことがわかります。

文部（科）省調査・教育委員会月報、高岡法科大学紀要2008より。

コラム

味噌作りと憲法学習会での青年達の声

私が全国各地を行脚して参加している「味噌作りと憲法学習会」の第三九回（二〇二四年六月三〇日に開催）の集まりで、ＣＥＡＲＴの「是正勧告」を紹介した際に、参加していた青年達から色んな意見が出ましたので紹介します。

Ｙさん：子どもに「日の丸・君が代」の事を聞かれて説明できるか？　と思う。子どもに説明できない強制は今すぐやめるべき。その思いを河原井さんは全国行脚をしながら、いろいろな思想の方々と対等に語り合うことを何年も継続しているので尊敬しています。自分の会社で年明けに大きな組織改革があり、社員が転勤や退社等大変な状態になります。今、労働組合が意見をまとめて闘っています。真剣で力強さを感じます。今回の是正勧告も生活にどう影響するかを考え、協力して団結することが大事です。

Ａさん：是正勧告を無視することは憲法一九条に完全に違反している。思想・良心の自由を最大限にアピールする。デモやフェイスブック、ＬＩＮＥなどで伝える。一方的な思想の押し付けは十九条違反であることを徹底的に訴える。全国に行脚するのは素晴らしい。地方に行脚すれば、東京では考えられないユニークなアイデアが生まれたり、違う視点から物事をとらえられるので非常に有意義だと思う。

Ｃさん：河原井さんの「がんばらない　あきらめない　たのしみたい　つながりたい」というメッセージは心にとても響きました。娘が大学の法学部に通い出した。以前は全然興味のない子だったのに、今は憲法に興味があるという。ここで皆さんと味噌作りをして、自分も家でやったりして、一緒に考えさせられました。みなさんとつながっていくのかなと思います。河原井さんは、どんな時も笑顔で芯がぶれない。すごいですね。

Ｓさん：「日の丸・君が代」の強制について、「国際的な基準では、国歌の起立斉唱を強制することは許されない」と考えられていて、日本の一〇・二三通達は世界の常識からかけ離れている。「静かに坐って拒否」が認められないのは異常。教育現場で自由にものが言えず、同調圧力で一つの方向に進められるのは、民主主義の崩壊につながる危機感を覚える。「是正勧告」の事実を現場教師が知らない状態を脱却するために、教員にアンケートを取り、「是正勧告」をどうすればよいか、集計結果を都教委に示して圧力をかけながら、各教員に対しても認識してもらう。都教委は都民の提言や苦情を受け付けているようなので、そこに要望を出す。

Iさん：国歌を歌う、歌わないは自由だと思う。強制はできない。先生の地位や権利を守ること、選挙で自分の意思を伝えることが大事だと思う。

Tさん：一〇・二三通達＝「日の丸・君が代」強制命令というひどい通達のことを全国の人に知ってもらい、共有してもらうことはすごく良いこと。少しずつでも人とのつながりを作っていくのは大事。今、教師は忙しすぎて「日の丸・君が代」の問題に向き合う時間がないのでは？　不満があっても言う場がない。定年退職した先生を学習会に呼んだりして巻き込んで、手伝ってもらってはどうでしょうか。

Wさん：国歌を歌う、歌わないの自由がある。「NO！」という気持ちを持っていく。あきらめないカワライせんべい（河原井さんからの差入れのお煎餅）のようにあきらめずに行きましょう。

Hさん：戦争の時、予科練にいた九六歳の方に出会えた。「戦争は絶対にダメだ」と語り部を続けてこられた方です。私が教師なら、その語り部の方を学校に呼んで語ってもらいたい。真実を伝えて、自衛隊に生徒達を行かせない。憲法九条を子どもたちに教えたい。

Mさん：教育現場はウソを教えられることが多かった。「是正勧告」が出されても、知らないことにしている。世間話的に拡げていく。無理せずに伝えていきたい。

Q12 実施率の最も低い県に対する文部省の対応は?

実施率が最も低かったのは沖縄県。文部省・県教委からの圧力に、市町村教委だけでなく生徒・市長・自治体も闘いました。それはなぜだったのでしょう。

実施率が最も低い沖縄に圧力

文部省が八五年八月の「通知」とともに、最初に圧力を加えたのは沖縄県に、でした。当時の沖縄での「日の丸・君が代」実施率は、「君が代」は小・中・高校ともに〇%、「日の丸」は小学校が六・九%、中学校が六・六%、高校は〇%でした。全国平均(「日の丸」は約九〇%弱、「君が代」は約五五%)と比較して沖縄の実施率がいかに低いかがわかると思います。ですから、沖縄に対する文部省の圧力はすさまじいものでした。

文部省が八五年八月末に出した「通知」と「指導」(圧力)に、沖縄県議会は早くも同年十月十六日、「国旗掲揚と国歌斉唱に関する決議案」を賛成多数で可決し、県教委及び県立高校の校長に「日の丸・君が代」を実施

「公立小・中・高等学校における特別活動の実施状況に関する調査について(通知)」を通知した日

文部省が各県教委に「通知」したのは八月二十八日、沖縄県教委が市町村教委に通知したのが九月五日。

するよう通知し、県教委はそれに従いました。自民党沖縄県支部連合会等の沖縄の自民党関係者は、「日の丸・君が代」実施に向けて大きく動いたといいます。

八七年に予定された沖縄国体の前年の八六年三月の卒業式を前に、文部省は沖縄県教委にさらに圧力をかけました。その結果、卒業式での「日の丸」実施率は八〇％、「君が代」実施率は六％に、続く八六年度入学式での「日の丸」実施率は高校で九四・五％に、翌八七年度入学式では九九・八％になりました。当時文部省は「日の丸」実施に圧力をかけており、その圧力は「君が代」実施にまでは及んでいませんでした。

この圧力に、怒り抵抗した教職員・生徒・保護者は少なくはありませんでした。八六年には「日の丸」掲揚をしなかった学校が二〇％にのぼりました。その校長たちは処分をされましたが、それを覚悟してのことでした。高校生や中学生、保護者が抗議行動をした学校がいくつもありました。翌八七年も抗議は続き、読谷高校卒業式では、卒業する生徒の一人が泣きながら校長や教員たちに抗議し、「日の丸」を降ろしてドブに捨てました。

この高校生の行動に、大人として責任を取らなければならないと思った

沖縄高教組天久仁助氏（当時）の発言

「日の丸・君が代」実施率が極端に低い沖縄に文部省が圧力を加えたことについて、「沖縄国体を八七年に控えていたわけです。国体となると、どうしても天皇が来るということが大きな問題になってくるわけです。であると、どうしても『日の丸』『君が代』を徹底しておかないと。一つのムードみたいなものなのですけれども、天皇を迎える素地づくりといったものをつくり出す必要がある。そういう動きの中で沖縄に『日の丸』『君が代』が強制されてくる（来た）ということです。」（『「日の丸」「君が代」の強制に反対する闘いのために』東京都高等学校教職員組合発行、一九九〇年）

知花昌一さん（当時三十九歳　のちに読谷村議会議員）は、沖縄国体の開会式（八七年十月二十六日）で、掲げられた「日の丸」を降ろして燃やしました。

読谷村は沖縄戦で米軍が上陸した地点です。地元には八三人の住民が「集団自決」（教科書には「集団自決」と書かれていますが、進んで自決したのではなく、軍の命令で我が子を殺し自分も死んだのですから、「強制集団死」というべきでしょう）したチビチリガマという洞窟があります。村民にとって、彼らに死を強いた「日の丸」は「戦争の旗」でした。行動に出たのは知花さん一人でしたが、これが読谷村の人々、そして唯一戦場とされ、四人に一人が亡くなった沖縄の人々の「日の丸・君が代」に対する思いであったと言っていいと思います。知花さんは器物損壊などの疑いで逮捕されましたが。

読谷村議会の押し付け反対決議

当時、読谷村議会は「『日の丸』掲揚、『君が代』斉唱の押し付けに反対する要請決議」（八六年十二月二十日）を県知事・県議会議長・県教育長に出していました。

読谷高校女生徒らのたたかい

「八七年春、私の母校でもある読谷高校の卒業式で女生徒が掲げられていた日の丸をはぎとり、ドブにつけ、捨てるということが起きた。私はこの女生徒の行動に感激した。そして読谷のほとんどの村民がこれを拍手喝采で迎えたのだった。映画『ゆんたんざ沖縄』にも記録されているが、教頭先生が、旗を握りしめた少女に『これは成人だったら犯罪ですよ』と脅しつける。

ところが少女は、教頭の顔をみすえ、面と向かって『いいです。それでもいいです』と言いきった。私もあの少女の迫力には感服してしまう。……

しかし、ひるがえってみると、あの女生徒をしてあの行為に立たせたのは私たち大人なのだ。」

〈今、県内では、去る一九八五年九月五日の文部省通達に端を発し「日の丸」、「君が代」の強制に対し大きな論議が起きています。／私たちは四一年前悲惨な戦争を体験し、「ノーモア沖縄」を叫びつつ、平和を希求して……今日の社会を作り上げて参りました。ところが、県や県教育長は……「日の丸」、「君が代」の押し付けを強行しています。……／県教育長は、去る三月、四月の卒・入学式において業務命令違反を理由に校長を含め教職員への大量の処分を強行しています。……／本村議会は、ほんとうに日本に生まれてよかったと誇れる人間作りのため、「日の丸」、「君が代」の押しつけをしないよう要請する。〉

「日の丸」を降ろした読谷高校の生徒や知花さんの行為は、読谷村の人々にとって村民の気持ちを代表した行為と受け止められたということです。

県議会・県教委の通知に反対を表明したのは読谷村だけではありませんでした。那覇市教委が八六年二月に「学校における国旗・国歌問題の取扱いについて」を、北谷《ちゃたん》町教委が八七年三月に「北谷町教育委員会の考え方」を各小中学校長に通知しました。北谷町教委は県・県教委からすさまじい

（『焼き捨てられた日の丸』新泉社、知花昌一著

「北谷町教育委員会の考え方」

卒業式・入学式等における日の丸・君が代」の取扱いについて、当教育委員会は昨年十月十五日以来、二〇回に及ぶ委員会論議並びに町内各関係者と意見交換を実施してきました。このことを踏まえ、当教育委員会で慎重に検討した結果、別紙のとおりになりましたので通知します。

北谷町教育委員会の考え方

地域行政に関わる者は、国や県の指導だけではなく、常に地域社会の要請にも配慮し、子供たちの幸せを最優先して学校教育に取り組まなければなりません。／学校行事としての卒業式や入学式は、子どもたちの卒業や入学を祝う場であって、参列

圧力を加えられ、一カ月後の入学式直前に県教委の見解に屈服させられてしまいました。

敗戦後、沖縄の人々が米軍支配下での生活の苦しさから本土復帰を願った一九五〇年代後半からの行動では、人々は「日の丸」を掲げました。当時子どもだった知花さんも「日の丸」を掲げたといいます。しかし一九七二年の本土復帰が基地削減や沖縄の人々の暮らしを保証することにはならず、沖縄は本土の「捨て石」にされたと多くの沖縄の人たちが感じました。

今、沖縄の島々では辺野古米軍基地や自衛隊基地の建設が進んでいます。沖縄県民は、再び戦場にされるのではないかと危機感を抱き、基地撤去・新基地建設反対を政府に訴えています。これが沖縄県民の民意ですから、県（玉城デニー知事）は政府に辺野古新基地建設を止めるよう裁判もしてきました。しかし、判決は政府に迎合したものでした。

「日の丸・君が代」の強制に最も反対し、抵抗する県民がかなりの数存在する沖縄県の公立学校に、文部省はこのように民意を無視して「日の丸・君が代」の完全実施をさせたのでした。ここに、憲法が謳う民主主義があるでしょうか。

者全員が思想信条や主義主張を超えて祝福しなければならないと考えます。／日の丸や君が代問題によって、北谷町のこれまで築いてきた教育の成果や町民全体が育んできた地域教育活動への努力と相互の信頼関係を損なうことがあってはならないと考えます。（中略）／北谷町教育委員会は、民主主義の原理と憲法や教育基本法の理念を踏まえ、教育は万人のものとの認識に立ち常に開かれた教育行政を本旨とし、今後もこの問題について、あらゆる角度から検討していく所存であります。／当面、町内各学校に於いて日の丸を掲揚し君が代を斉唱することは、諸々の状況から判断して好ましくないと考えます。

Q13 一九八九年改訂の学習指導要領に反対した地方議会があったって？

「日の丸・君が代」を「指導するものとする」とした八九年改訂の学習指導要領に対し、撤回を求めた議会がありました。いまと違います。

八九年学習指導要領の改訂は、卒業式・入学式で「日の丸・君が代」を実施させる大きな圧力となりました。当時、この学習指導要領に反対する市民・保護者は居住する議会に撤回を求める意見書を出すよう働きかけ、それが実現した市町村がいくつもありました。意見書を採択し、政府に提出した議会は――。熊本県鏡町議会、東京都国立市議会、福島県新地町議会、東京都清瀬市議会、東京都小金井市議会、北海道函館市議会、大阪府堺市議会、東京都保谷市議会（現在は西東京市）、東京都昭島市議会、東京都田無市議会（現在は西東京市）、北海道夕張市議会、沖縄県北中城村議会、東京都東大和市議会、沖縄県読谷村議会、埼玉県富士見市議会、佐賀県芦刈町議会（現在は小城市）、佐賀県小城（おぎ）町議会（現在は小城市）、広島県君田村議会（現在は三次市）です。

その一つの、函館市議会の意見書を紹介します。

函館市議会の意見書

「新学習指導要領の撤回を求める意見書

文部省は、国にひたすら忠誠を誓わせる国家主義的道徳教育の強化や、『日の丸・君が代』の掲揚や斉唱を義務づける学習指導要領の改訂告示を三月十五日に行ないました。『日の丸・君が代』を尊重するのは、『国民としての基礎・基本』とも述べております。これらが、憲法一九条の定める思想・良心の自由に反することは、言うまでもありません。

さらに重大なことは、これら学習指導要領改訂のもととなったのが、リクルート汚染にまみれた高石・江副両名が参加した教育課程審議会の答申であったということであります。このように内容的にもまた、策定経緯からしても今回の学習指導要領は、二一世紀へ至る子どもや青年の教育内容を示すものとはいえません。

よって、政府は、新学習指導要領を速やかに撤回するよう強く要請いた

地方自治法第九十九条

地方公共団体の議会は、地方公共団体の公益に関する事件につき意見書を国会又は関係行政庁に提出することができる。

広島県教委の意見書（一九八九年二月二十七日）

一　総則の中に国民的課題である同和教育を充実させる視点に立った標記をされるよう要望する。教育要領、学習指導要領への表記が無

します。

以上、地方自治法第九九条第二項の規定により意見書を提出します。

平成元年十二月二十日　函館市議会議長　松本博」

また、教育委員会では、広島県教委と長野県教委が反対する意見書を提出しました（広島県教委については後述します）。

今となっては考えられないことですが、当時は政府が出したものに反対すべきは反対した自治体があったのです。自治体は政府から独立しているのですから、反対した市町村議会はまさに「自治体」と言えます。

理なら、指導書の中でぜひ取り上げてほしい。

二　「国旗を掲揚するとともに、国歌を斉唱するよう指導するものとする。」について、多様な考え方があり、一斉の強制にならないような記述にしてほしい。

三　「武道」という表現について、封建的な思想性を感じられるので、現行の「格技」という名称に戻してほしい。

四　「人間の力を越えたものに対する畏敬の念」についての表現はなじまないので、改めてほしい。

五　習熟の程度に応じた指導について、条件整備や意識の変革など環境不十分な現時点では実施が難しい。指導上の配慮事項については、指導書に記載してほしい。（浪本勝年著『解説　地方議会の「新学習指導要領の撤回を求める意見書」』より）

Q14 同調圧力を感じたこと、ありますか？

大勢が一つのことに賛成する中、私は反対。でも、それを言ったら周りから変に見られるかも？　その体験はありますか。それを同調圧力と言います。

同調圧力の極限としての戦争動員

戦前・戦中の社会は「お国のために身を挺《てい》す」人を求めました。子どもたちも「お国のため天皇陛下のために戦場に行きたい」と思わされました。中には、戦場に行きたくない子どもいましたし、息子が戦争にとられることに怒り悲しむ親もいました。いや、息子が戦死することを喜ぶ親がいるはずはありません。親は皆、怒り苦しんだはずです。召集令状を受けた息子の親は、親類縁者や近所の人を招いてご馳走し、出発の朝には息子は軍服に身を固め、「初出征〇〇〇君」と書いたたすきをかけて見送られました（食糧難になってからはご馳走はなし）。親も息子も「今生《こんじょう》の別れ」と覚悟したはずですが、涙を見せれば「非国民」とののしられました。その激しい同調圧力《どうちょうあつりょく》が働くなか、自身の気持ちを表すことはできませんでした。「非国民」呼ばわりや投獄を覚悟で、政府と異なる考えを述べたり書いたりした人たちは投獄され虐殺《ぎゃくさつ》されました。小林多喜二が一九三三年に治安維持法に違反したとして投獄され、拷問により死亡したことは中学校で習ったと思います。自身の考えを書いただけで命を奪われたのです。

最大の人権侵害である戦争に政府が向かうとき、日本だけでなくどの国でも同調圧力は瞬く間に増強します。ロシアのウクライナ侵攻やパレスチナに侵攻するイスラエルで、あるいはミャンマーの独裁政権や香港等で、政府と異なる考えを述べた人が、拘束されたり国外に逃亡したりしています。日本ではそんなことは起きない、と断言できるでしょうか。

「日の丸・君が代」の尊重も同調圧力の作用

「日の丸・君が代」の尊重も、それらが日本国民としての「正義」と学校で教えられてきたことで同調圧力の作用をしてきました。教員の多くは「君が代」起立に反対の気持ちを持ってきましたが、不起立行為に及びません。それは処分で不利益を被ることだけでなく、生徒や保護者からどう見られるか、それが怖いのだと思います。〇六年度に根津が赴任した町田市の中学校の同僚たちの行為も、同調圧力を感じてのことだと思います。「君が代」不起立は、今は投獄まではいきません。しかし、もしも日本が戦争状態になったならば、先にあげた国々のようなことが起きてしまうかもしれません。そのとき、人々の「非国民」叩きとその同調圧力によって、声をあげることはきわめて難しくなるでしょう。

　身近な例で考えてみましょう。クラスの中にいじめが起きていても、見て見ぬふりをする人の方が多いのが現実です。同調圧力があって集団のいじめが起きているのですから、「いじめを止めよう」と言えば、次のターゲットは私。その心配があるから集団のいじめはなくなりません。一人ひとりが独立して考え判断することができなくなることで、人は大きな力に流され、同調圧力が起きます。

　同調圧力を生じさせず、誰もが自由に責任をもって発言し行動していくことのできる社会・集団をつくるには、人々が日頃から、自分の頭で考え判断し意見表明や行動をしていくことです。

　あなたは、自身の考えに基づき行動したことで、同調圧力を感じたことがあるでしょうか。あったとすれば、この国の政治が言論の自由がない、「戦争する国」に向かっているということだと思います。そうならないよう、一人ひとりが小さくても声をあげていきましょう。そうしていけば、小さな声がこだまし共感が広がり、大きな声になっていくと思います。

Q15 国際的にみると、日本の「君が代」処分はどう映る？

起立しないことは「混乱を生まない市民的自由の範囲」。これが国際社会の見解です。人権について日本との認識の違いは歴然としています。

日本政府が受けた勧告は

国連の機関にユネスコ（国際連合教育科学文化機関）やＩＬＯ（国際労働機関）があるのを知っていると思います。そのユネスコとＩＬＯでつくる合同専門委員会・セアート（ＣＥＡＲＴ）に、東京、大阪の二つの教職員組合が二〇一四年、「公権力によって敬愛行為を強制され、思想良心の自由を侵害されている」と訴えたことを受け、セアートが審査を実施し、一九年と二二年の二度、日本政府に勧告を行ないました。日本政府が一九年勧告を無視し是正措置をとらなかったために、二二年に再度の勧告になったのです。

一九年セアート勧告は、日本も参加し採択した「教員の地位に関する勧

「教員の地位に関する勧告」（一九六六年）

「教員団体は、教育の発展に大いに貢献することができ、……教育政策の策定に参加させられるべき一つの力として認められるものとする。」

「給与決定を目的としたいかなる勤務評定制度も、関係教員団体との事前協議およびその承認なしに採用し、あるいは適用されてはならない。」

「教員団体は、懲戒問題を扱う機関の設置にあたって、協議にあずから

告」（一九六六年）に照らして日本の「君が代」強制はその基準に反すると言い、懲罰的行政をしないよう勧告しました。起立しないことは「混乱を生まない市民的自由の範囲」との見解を示したうえで、公務員である教員には職務命令に従う義務があるとする文科省の主張を退け、「愛国的式典の規則は、国旗掲揚や国歌斉唱に参加したくない教員にも対応できる内容であるべき」と言い、教職員組合との合議による規則作成を求めました。起立しないことは「混乱を生まない市民的自由の範囲」なのですから、「君が代」不起立・不伴奏処分は違法となります。

二度目の二二年勧告は、政府が放置している英文勧告文の和訳を教職員組合と協力して行なうよう求めましたが、文科省はまたも勧告に従わないままです。当事者である都教委、大阪府教委もまったく受け付けません。

セアート勧告だけでなく二〇二二年、国連自由権規約人権委員会も日本の「君が代」処分に関して日本政府に是正を求める勧告を出しました。同委員会は、各国が政治的・市民的権利の保障がなされているかを監視し、政府に勧告する機関です。今回の日本政府への勧告は、「君が代」処分を含む一八のテーマについてでした。

なければならない。」など、教員の地位に関する諸原則、具体的条項を勧告しました。

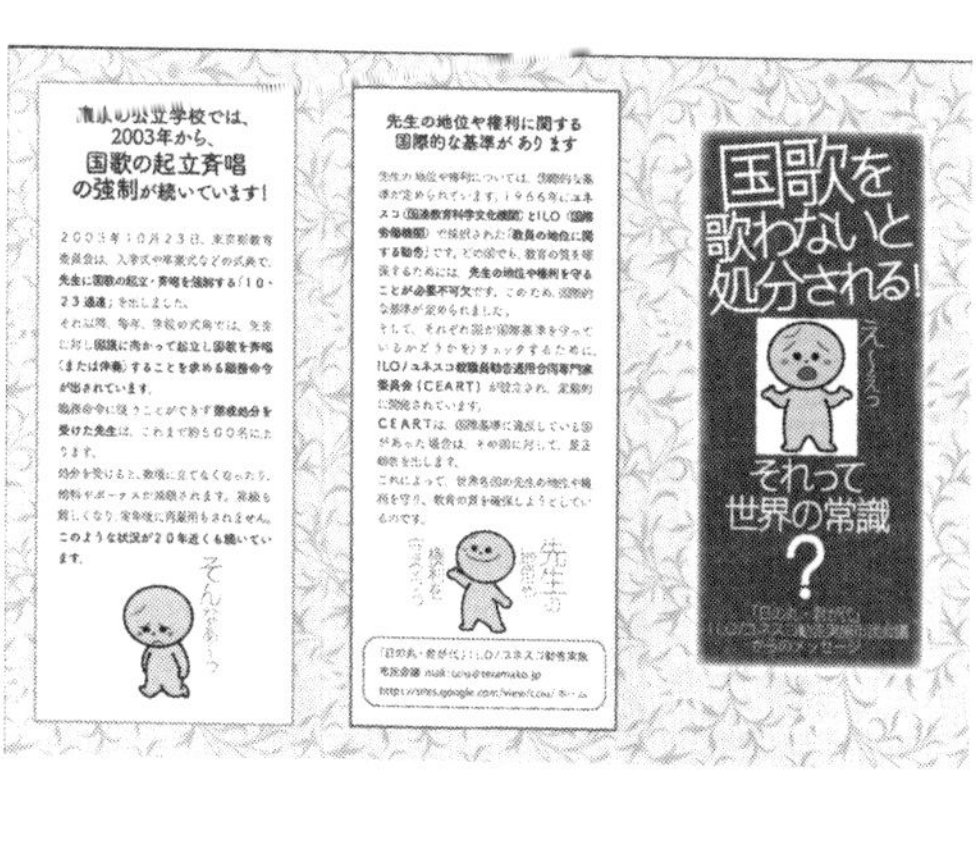

出典：「日の丸・君が代」ILO／ユネスコ勧告実施市民会議

「君が代」処分に関して締約国・日本に出された勧告は――。

「三八．委員会は、締約国における思想及び良心の自由の制限についての報告に懸念をもって留意する。学校の式典において、国旗に向かって起立し、国歌を斉唱することに従わない教員の消極的で非破壊的な行為の結果として、最長で六カ月の職務停止処分を受けた者がいることを懸念する。委員会は、さらに、式典の間、児童・生徒らに起立を強いる力が加えられているとの申立てを懸念する（第一八条）。

三九．締約国は、思想及び良心の自由の効果的な行使を保障し、また、規約第一八条により許容される、限定的に解釈される制限事由を超えて当該自由を制限することのあるいかなる行動も控えるべきである。締約国は、自国の法令及び実務を規約第一八条に適合させるべきである。」

国連自由権規約人権委員会も、「君が代」不起立教員に対する処分のひどさ、さらには児童・生徒らにも「起立を強いる力が加えられている」ことを問題視し、「思想及び良心の自由」を制限（侵害）するなと勧告しています。日本の常識は、国際社会では非常識ということです。

勧告に対し文科省は、「従う義務なし」と言います。障害者や従軍慰安

規約第十八条

国連人権自由権規約第十八条は「思想・良心及び宗教の自由」。

「すべての者は、思想、良心及び宗教の自由についての権利を有する。この権利には、自ら選択する宗教又は信念を受け入れ又は有する自由並びに、単独で又は他の者と共同して及び公に又は私的に、礼拝、儀式、行事及び教導によってその宗教又は信念を表明する自由を含む。」

婦などの様々な人権に対する勧告に対しても、日本政府は同じような対応をしてきました。勧告は命令ではないので、その意味で「法的拘束力はない」というのは間違ってはいませんが、日本が国際的に立ち遅れていることを指摘されるのですから、改善に向けて取り組むのが筋でしょう。日本国憲法九十八条二項は「日本国が締結した条約及び確立された国際法規は、これを誠実に遵守することを必要とする」と謳います。「勧告に従う義務はない」は言語道断です。

国歌斉唱を拒否した米国スポーツ選手をめぐって

アメリカプロフットボールのスター選手であるコリン・キャパニック選手（当時二十八歳）は、二〇一六年八月二十六日、試合前の国歌斉唱セレモニーで起立を「片膝立ち」で拒否しました。「選手生命を絶たれてもいい」と覚悟した彼は、その理由を「黒人や有色人種を抑圧するような国の国旗に敬意は払えないので起立はしない」と語りました。

その後、彼の行動に触発されて、何人かのスポーツ選手が自身の試合で拒否をしました。また、オバマ大統領（当時）が「彼の真摯さを疑ってい

隔月刊誌『フォーリン・ポリシー』の記事

起立を拒否するコリン・キャパニック選手（右）と、彼に同調するチームメート。

Colin Kaepernick Is Lucky He's Not Japanese

National anthems have always inspired dissenters — but some countries treat their refuseniks better than others.

BY ALEX MARSHALL | SEPTEMBER 15, 2016

記事は、「コリン・キャパニックがアメリカ国歌を拒否しても——今やこれに賛同して同じ行動を取

ない」と擁護するなど、全米で論争が広がりました。

キャパニック選手について、同年九月十五日に発行された米国の外交問題隔月刊誌『フォーリン・ポリシー』に、英国ジャーナリスト・アレックス・マーシャル氏の記事が載りました。タイトルは、「コリン・キャパニックは日本人でなくて幸運だった」。ぎょっとするタイトルですが、ほかの国の人から見れば、日本の「君が代」不起立処分が奇異に映るということです。

記事では、「戦場に再び教え子を送るな」と軍国主義のシンボルである「日の丸・君が代」に反対してきた日本教員組合の歴史を紹介しながら、とくに「君が代不起立」で「解雇手前」の重い処分を受けた根津のケースを詳述しています。

また、キャパニック選手の所属するフォーティナイナーズが「宗教や表現の自由をうたう米国の精神に基づき、個人が国歌演奏に参加するかしないか選択する権利を認める」と同選手の決断を尊重するとの声明を発表したことやＮＦＬ（ナショナル・フットボール・リーグ）が「演奏中に選手たちが起立することを奨励するが強制ではないと指摘した」声明も紹介されて

る選手も出てきた――

動じない人が一人いるとすれば、それは六〇代後半の細身の日本人女性、根津公子さんだろう。

根津さんほど長期にわたって国歌を拒否している人は世界的に見ても例がない。元教師の根津さんは……」と始まります。

修正第一条
（信教・言論・出版・集会の自由、請願権）「合衆国議会は、国教を樹立、または宗教上の行為を自由に行なうことを禁止する法律、言論または報道の自由を制限する法律、ならびに、市民が平穏に集会しまた苦情の処理を求めて政府に対し請願する権利を侵害する法律を制定してはならない。」

います。

さらに、米国憲法が「言動の自由」に関して規定している修正第一条を紹介しています。

バーネット判決

米国憲法修正第一条は、戦時中でも活きていました。宗教上の理由で国旗への敬礼を拒否したバーネット家の子ども二人（エホバの証人の信者）が退学処分になったことでバーネット親子は教育委員会を提訴しました。一九四三年に出された最高裁判決は、「言論の自由には個人の意思に反した発言を強制されない権利が含まれる」と言い、「国旗宣誓・敬礼またはその拒否は修正第一条によって保障される」として、国旗への敬礼の強制そのものが禁止されるとしました。子どもたちに国旗への敬礼を強制し退学処分にした教育委員会が敗訴したのです。

「わが国の憲法という星座に恒星があるならば、それは公務員が地位の高低にかかわらず、政治、ナショナリズム、宗教、その他の分野の意見について、なにが正当であるべきかを指図したり、市民に対してそれらに関

エホバの証人
一八七〇年代にアメリカで発足したキリスト教系の新宗教団体。国旗への敬礼、国歌斉唱は、国家崇拝だとして行ないません。

する個人の信念をことばまたは行為を通じて明かすように強制することはできないという点である」と同判決は言います。

国家への忠誠心を国がより求めようとする第二次世界大戦の最中に、この判決が出されたのでした。

二一世紀の日本の「君が代」裁判の判決は、八十年前のバーネット判決にほど遠く、「君が代」起立斉唱の職務命令は、国際感覚からかけ離れたものだということです。

Q16 諸外国の卒業・入学式で国旗国歌は？　処分は？

「諸外国の国旗と国歌も同様に尊重する態度を育てる」と文科省は言います。諸外国の中にも、日本のように処分する国があるのでしょうか。

拒否した教員を処分する国はありません

公立学校の卒業式・入学式で必ず実施される「日の丸・君が代」をめぐる事実を見てきて、どのように感じられたでしょうか。沖縄に見られるような文部省の「指導」（不当な支配）や東京・大阪の教員処分、こうした圧力を加えることによって一〇〇％実施となった「日の丸・君が代」が、子どもたちの入学を祝福し旅立ちを応援するのにふさわしいハタとウタ、といえるでしょうか。

ところで、諸外国の扱いはどうなっているのでしょう。

欧米では、入学式や卒業式をしない国や地方がかなりあります。日本のように〝厳粛《げんしゅく》さ〟を求めるのではなく、お祭り的な催しをする国や地方もあります。法律で「国旗掲揚・国歌斉唱」を義務付けた国はごく少数ですし、ましてや、それを拒否した教員を処分する国はありません（中国については不明）。

一方、中国では近年、入学式や卒業式で国旗掲揚・国歌斉唱を決めた省が出ているということです。また、毎週月曜日の朝は、全校生徒が校庭に集まって代表生徒が国旗を掲揚する中、全員で国歌斉唱を行なっています。これは同国の国歌法（二〇一七年十月一日施行）が定められてからのことで、同法には罰則規定が盛り込まれています。中国の政治状況から考えれば、国旗掲揚・国歌斉唱を拒否する教員がいないことで、免職や拘束などの事例が報告されていないのではないか、と筆者らは見ています。

諸外国の学校における国旗・国歌の取り扱い

今、日本の公立学校には、外国籍の子どもがかなり在籍しています。少子高齢化社会が進行する中、政府は外国人労働者の受け入れを政策に掲げていますから、さらに外国籍の子どもたちが学校に多くなるでしょう。その多くは、日本が侵略し、あるいは植民地にした国の子どもたちです。そうした子どもたち・保護者に「日の丸・君が代」を強制することが、国際社会に通用するでしょうか。

文科省は「諸外国の国旗・国歌を尊重する態度を育てる」と言います。ならば在学する外国籍の子どもたちの国の国旗も式場に掲揚したらいいのではありませんか。何カ国もの「国歌斉唱」は時間的には無理でも、国旗掲揚は何ら問題ありません。文科省はなぜ、それをしないのでしょう。

子どもたちが国籍の隔てなく仲良くできる学校生活を送ることで、日本社会がアジア蔑視の価値観に染まっていることや、出入国管理及び難民認定法（入管法）を盾に政府が、国に帰れば殺される難民を日本から追い出していることの残虐性《ざんぎゃくせい》に日本の人々が気づき、誰もが人とし

諸外国の学校における国旗・国歌の取り扱い

	国旗	国歌	卒業式・入学式
アメリカ	連邦法により校舎に掲揚すべきとされる	各州政府に扱いが委ねられている	あるが、かしこまった式ではない
フランス	掲揚義務を定める法令はないが、公立学校を含む公的機関で掲揚される	学校で演奏されることはない	どちらもない
イギリス	学校行事において掲揚されることはない	学校行事において演奏されることはない	どちらもない。卒業の際には楽しいイベントを行なう
ドイツ	掲揚されない	演奏もされない	入学式はなく、卒業式はある
イタリア	公立学校では入口にいつも掲揚されている	演奏される機会はない	どちらもない
ロシア	義務づけた法令はないが、掲揚される	義務づけた法令はないが、演奏される	卒業式・入学式あり
中国	教育部の規程で月曜朝の掲揚が義務づけられる。卒業式・入学式での掲揚は学校判断	教育部の規程で月曜朝の斉唱が義務づけられる。卒業式・入学式での掲揚は学校判断	卒業式・入学式あり
韓国	大統領令により年間を通じて揚げなければならない。2015年時点では学校判断	学校行事において斉唱されている	卒業式・入学式あり

て生きることのできる社会の創造に目が向くのではないかと思います。そして、このことこそが国際社会に通用することではないでしょうか。国旗「日の丸」・国歌「君が代」の刷り込みと、そのための教員処分を止めてはどうでしょう。

最後に、諸外国の学校における国旗・国歌の取り扱いを示します。

プロブレムQ&A

II

「日の丸」「君が代」のABC

Q17 そもそも、「日の丸」にはどんな歴史や意味があるの?

意味や歴史を知らないまま、「日の丸」に正対し「君が代」を歌ってきて、どんな感情を持ちましたか。悪感情は持たなかったのでは?

最近まで「日の丸」は国旗ではなかった

オリンピックで掲げられる「日の丸」、掲揚時に流れる「君が代」に感激した方は多いかと思います。そのとき多くの方は、国旗「日の丸」・国歌「君が代」と思われたのではないでしょうか。「日本のためにがんばります」という選手もいます。しかし、オリンピック憲章は国ではなく「選手団の歌と旗」と規定しています(一九八〇年)。オリンピックは国と国との対抗ではないことからこの規定が加わりました。となると、国旗国歌が必要となるのはどういうとき、でしょうか。

さて、「日の丸」(日章旗とも言う)は江戸時代の幕末に日本の船の印として使い始め、その後、明治になって紆余曲折がありましたが、海軍が「日の丸」を、陸軍が「旭日旗《きょくじつき》」（日の丸から光線が出たデザイン）を軍旗としました。明治政府は商船の国籍表示旗として「日の丸」を使うようになりましたが、あくまでも商船旗であって国旗ではありませんでした。また旗寸法《はたすんぽう》や日章の位置などに微妙に差があるなどから学者らの間で論争となりました。そこで政府は一九三一年に寸法なども規定した「大日本帝国国旗法案」を当時の帝国議会に提出しました。しかし成立しませんでした。一九九九年に国旗国歌法が成立するまで、「日の丸」は国旗ではありませんでした。

「日の丸」について、戦前の教科書（一九四二年国民学校　初等科修身一現在の小学三年生）は次のように記述します。

> 十六　日の丸の旗
>
> どこの国でも、その国のしるしとして、旗があります。日本の旗は、日の丸の旗です。朝日が、勢いよく、のぼっていくところを映した旗です。

「大日本帝国国旗法案」

衆議院は満場一致で通過しましたが、貴族院では会期末であったため、審議未了となり、廃案となりました。次の議会に再度上程されましたが、衆議院が解散となり、またもや廃案。以降一九九九年まで上程されることはありませんでした。

国民学校

一九四一年から四七年までの小学校の名称。初等科四年・高等科二年の六年制。戦争遂行のための国家主義的教育（今でいう算数では戦闘機の数を数えるなど）一色で、修身は主要教科でした。

若葉の間にひるがえる日の丸の旗は、いかにも明るく、海を走る船になびく日の丸の旗は、元気よく見えます。

青くすんだ空に、高々とかかげられた日の丸の旗は、いかにもけだかく、雪のつもった家の、軒先に立てられた日の丸の旗は、何となく暖かく見えます。

日の丸の旗は、いつ見ても、ほんたうにりっぱな旗です。

祝祭日に、朝早く起きて、日の丸の旗を立てると、私どもは、「この旗を、立てることのできる國民だ。」

「私たちは、しあはせな日本の子どもだ。」とつくづく感じます。

日本人のゐるところには、かならず日の丸の旗があります。どんな遠いところにゐっている日本人でも、日の丸の旗をだいじにして持ってゐます。さうして、日本の國のおめでたい日や、記念の日には、日の丸の旗を立てて、心からおいはいをいたします。

徴兵と志願
徴兵は、初めは二十歳。法の改正により一九四三年に十九歳へ、四四年に十七歳へ切り下げられていきました。志願も初めは十七歳以上でしたが、四四年に十四歳以上になりました。この頃には志願を強制する動きがありました。

「祖母の歌」全文
ふたりのこどもをくににあげ
のこりしかぞくはなきぐらし
よそのわかしゅうみるにつけ
うづのわかしゅういまごろは
さいのかわら（あの世）でこいしつみ

敵軍を追ひはらって、せんりょうしたところに、まっ先に高く立てるのは、やはり日の丸の旗です。兵士たちは、この旗の下に集まって、聲をかぎりに、「ばんざい。」をさけびます。日の丸の旗は、日本人のたましひと、はなれることのできない旗です。

「敵軍を追ひはらって、せんりょうしたところに、まっ先に高く立てるのは、やはり日の丸の旗」。そうなのです。「日の丸の旗」は、日本がアジア各地を侵略し占領したところに立てた旗、侵略戦争に使った旗なのです。

当時は、「せんりょう」、言い換えれば侵略はよいことでした。占領とは、押し入った他国の軍隊が、その国の人々を殺し、物を奪い支配することですから、どう考えても悪事のはずです。しかし、毎日学校でそれをよいことだと教えられた当時の子どもたちの多くは、早くお国のために役立ちたい、戦地に行きたいと思い、徴兵される年齢が来る前に志願した少年もいました。

占領をよいことと教え込まれた子どもとは違って、二人の息子を戦争で亡くした母親の一人は、次の詩《うた》を残しています。「にほんのひのまる　な

おもいだしてはしゃすんをながめ
なぜかしゃすんはものいわぬ
いわぬはずじゃよ
やいじゃもの

じゅうさんかしらで
ごにんのこどもおかれ
なきなきくらすは
なつのせみ

にほんのひのまる
なだてあかい
かえらぬ
おらがむすこの　ちであかい

おれのうたなの
うただときくな
なくになかれず
うたでなく

だであかい　かえらぬおらがむすこの　ちであかい」（出所：農民詩人・木村迪夫《みちお》さんのおばあさまが作って蚕飼いの仕事をする時に歌っていたのを木村さんが書き取った歌の一節。：インターネット「おや爺のブログ」より）。まさにこれが親の気持ちだと思います。

兵士が必要となる中、学校教育はますます日本の占領を美化したものになっていきました。音楽の教科書『ウタノホン』（一九四一年　初等科一年生）は「日の丸」を次のように記載しました。

ヒノマル

一　アヲゾラ　タカク
ヒノマル　アゲテ、
アア、　ウツクシイ
ニホンノ　ハタハ。

二　アサヒノ　ノボル

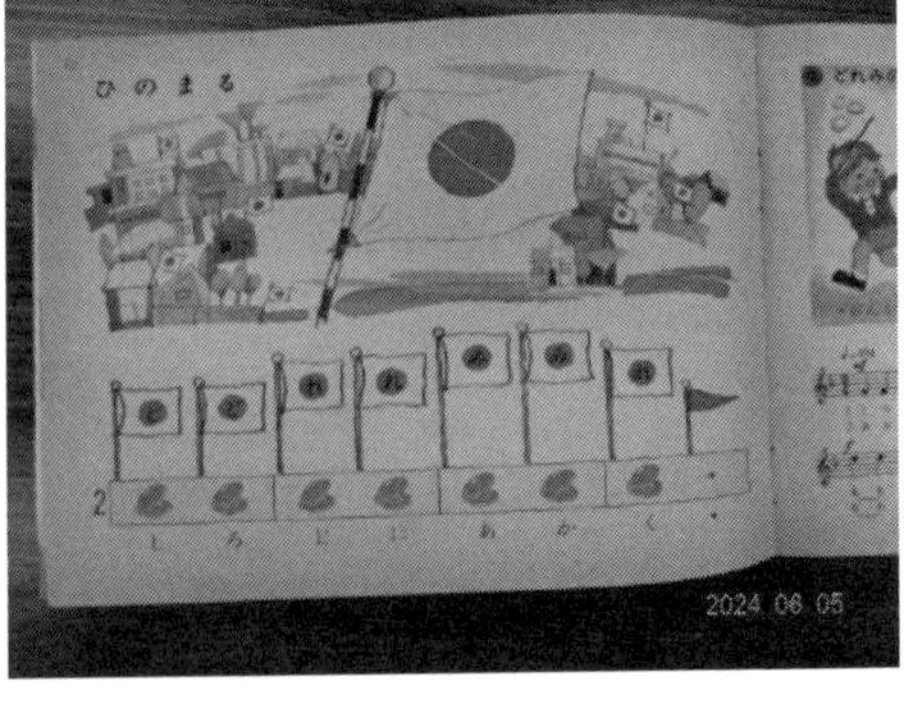

一九七四年度一年生、音楽友之社の教科書「ひのまる」

イキホイ　ミセテ、
アア、イサマシイ、
ニホンノ　ハタハ。

「アヲゾラタカク」は前年の一九四〇年までは「シロジニアカク」の歌詞でした。「イキホイ　ミセテ」は日本軍が占領した地でのことを歌っています。六歳の子どもたちがこの歌からどんな気持ちになったのかを想像してみてください。戦争はよいことと捉えたことでしょう。

なお、戦後の音楽教科書にも「しろじに　あかく」の歌詞で小学一年生の教科書に「共通教材」と書かれて掲載されています。二〇二三年度使用の教育出版社の教科書は、「日の丸」の歌詞とともに「にっぽんの国歌《こっか》　にっぽんが　いつまでも　へいわで　さかえるようにとの　ねがいが　こめられて　います。ほこりを　もって　うたいましょう。」と書き添えられています。一九七四年度の音楽の友之社の教科書では、音階音符を日の丸の小旗で示しています。

従軍慰安婦

内閣は二〇二一年四月二十七日、「『従軍慰安婦』という用語を用いることは誤解を招くおそれがある」、「単に『慰安婦』という用語を用いることが適切である」、「朝鮮半島から内地に移入した人々……について、『強制連行された』もしくは『強制的に連行された』又は『連行された』と一括りに表現することは、適切ではない」、「『強制連行』又は『連行』ではなく『徴用』を用いることが適切である」などとする二通の答弁書を閣議決定しました。それに沿って教科書会社は「従軍慰安婦」「強制連行」等の記述の削除や表現の変更を行なわされました。

この閣議決定は、当時の日本軍の責任を薄めようとするものです。

「従軍慰安婦」にされた金学順《キムハクスン》さんは

日本兵の不満のはけ口対策として日本軍（政府）は、韓国や中国などの女性、女の子と言っていいくらいの年齢の女性を強引に、あるいは「いい仕事がある」と嘘で駆り出し、アジア各地の戦場に配置して、来る日も来る日も日本兵の性の相手をさせました。慰安所の各部屋の前には日本兵が列をなし、女性たちにレイプ・強姦《ごうかん》を繰り返しました。女性たちは、逃げ出したくても逃げ出せません。逃げたら殺されます。自殺に及んだ女性も多くいました。その状況を想像してみてください。その女性たちを、後に国際社会では「日本軍『慰安婦』」と呼んできました（日本社会では「従軍慰安婦」と言い、二〇二一年度版までの日本の教科書の記述も「従軍慰安婦」でしたので、ここではそれに合わせました）。

「従軍慰安婦」として侵略戦争に強制的に駆り出された韓国の金学順さんさんは、謝罪と補償を求めて日本政府を裁判に訴えるために来日した一九九一年十二月、搭乗した日本航空の飛行機の「日の丸」に似たもの（日本航空のマーク）を目にし、こう言いました。「それを見た瞬間、五〇年間の私の人生をメチャクチャにした日本に対する思いが一気にこみ上げてき

『アジアふれあいブック』

（広島平和教育研究所編）

金学順さん

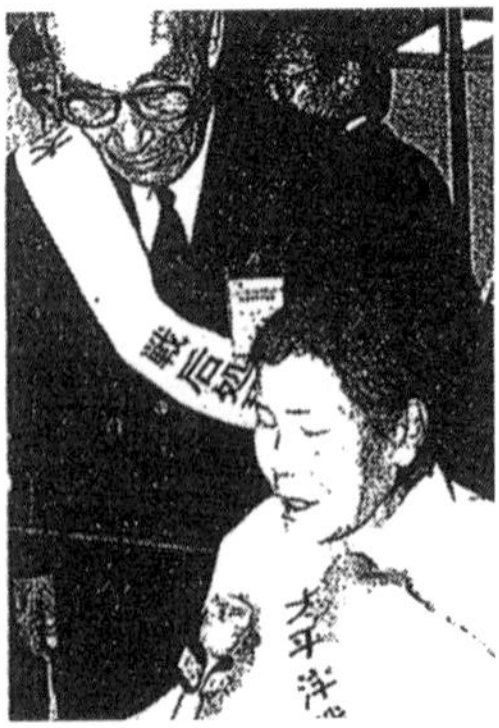

出典：『アジアふれあいブック』

て、胸をしめつけられるような感じがしました。軍人達はどこに行っても日の丸をかかげて〝天皇陛下万歳〟と言いました。日の丸という言葉を聞くだけでも、頭の中がくさってしまうほどいやな思いがする体験をしてきたのです。今でも日の丸を見ると胸がドキドキするのです。……あっちこっち引きずりまわされた私は、日の丸は好きになれません」(『アジアふれあいブック』一九九三年　広島平和教育研究所)。

金さんは戦後四十六年経ってようやくのこと、名乗りを上げました。家族にさえもこの事実を話すことができず、家族が亡くなってから行動を始めたのでした。黙っていたら、なかったことにされてしまう。黙ったまま死ぬわけにはいかない、と思われてのことです。戦後四十六年が経っても、「日の丸」にいやな思いを持っておられた金さん。日本政府からの謝罪と補償があってはじめて「日の丸」に対する思いも変えることができたはずです。

「日の丸」についての苦い記憶は金さんだけではない

侵略に使った「日の丸」の苦い記憶は金さんに限りません。フィリピン

シンガポールの中学生歴史教科書

「イギリス降伏後のシンガポール」の項は「一二三年もの間、シンガポールの人々は平和な生活に恵まれていた。日本人がシンガポールを攻撃した時、人々は戦争の恐怖を経験しなければならなかった。日本が島を占領した時以来、三年半の間、より大きな苦痛と困難がこれに続いた。

この時期は、日本占領時代として知られる。」で本文が始まります。

「日の丸」の旗を掲げて進む日本兵

の小学生の教科書は、「『日本占領下の記憶』と題し『日本軍におじぎするフィリピン人』『飢えでやせおとろえた人たち』『乱暴されかけている女の人』の三場面」のイラストを描き、「フィリピン侵略の象徴として『日の丸』があった。」と書きます（『二十一世紀をともに生きる地球の仲間　たみちゃんの日記』一九八七年、神奈川県国際交流課企画発行）。

シンガポールの中学生歴史教科書『Social and Economic History of Modern Singaporo2』（Longman 一九八五年度版）は、日本の侵略について数十ページにわたって記述し、「日の丸」の旗を掲げて進軍する日本兵の写真をふんだんにちりばめます。今となっては古い教科書ですが、日本の侵略についての人々の認識は今なお変わらないと思います。フィリピン・シンガポールに対しても、日本政府は反省と謝罪をしていませんから。

シンガポールの中学生歴史教科書

イギリス軍が降伏した後のシンガポールの街路の写真。日本の旗「日の丸」が並ぶ

Q18 「君が代」にはどんな歴史があるの？

「君が代」は明治時代につくられた歌ですが、「日の丸」と同じく、国旗国歌法が成立するまでは国歌ではありませんでした。

「君が代」の歌詞は、皆様ご存じのとおり、「きみがよは　ちよにやちよに　さざれいしの　いわおとなりて　こけのむすまで」です。

明治に入ってすぐの一八六九年、イギリス公使が日本に来た際に同行した軍楽隊長のフェトンが「国歌あるいは儀礼《ぎれい》音楽を設けるべき」と政府に進言し、自ら作曲したのが「君が代」の始まりだといわれてきました。当時の薩摩藩砲兵大隊長であった大山弥助（のちの大山巌）が、「君が代」の歌詞を示し、フェトンが曲をつけたのでした。歌詞自体は平安時代につくられた『古今和歌集』の「詠み人知らず」の和歌にあり、鎌倉時代からは長寿を願う歌とされてきました。しかし、フェトンの曲は西洋音楽であったためか、あまり広がりませんでした。

天長節
　天皇誕生日のこと。一九四八年に国民の祝日が制定される以前の呼び方。

国旗や儀礼音楽が必要と考えた政府は一八八〇年、海軍・陸軍の音楽隊のトップ、宮内省の雅楽の奏者、そして来日していたドイツの海軍軍楽教師のフランツ・エッケルトの四名に作曲を依頼し、今に至る「君が代」がつくられ、同年十一月三日の天長節に天皇の前で演奏され公になりました。国歌ではなく、天皇奉迎《ほうげい》の儀礼用の曲とされました。

政府は一八九〇年に『教育勅語《きょういくちょくご》』を発布し、翌九一年に「小学校祝日大祭日儀式規程」を制定。儀式では祝日・大祭日《たいさいじつ》にふさわしい歌を歌唱することを定めました。

ふさわしい歌のひとつが「君が代」でした。紀元節《きげんせつ》（二月十一日）、天長《てんちょう》節《せつ》などの大祭日には子どもたちを登校させて、校長が奉読する教育勅語を聞かせ、「君が代」を斉唱させ、「忠君愛国」、すなわち「お国のため、天皇陛下のために」の気持ちを奮い立たせました。また、日清戦争（一八九四年～九五年）・日露戦争（一九〇四年～〇五年）の時には、学校や子どもたちを通して社会に「忠君愛国」の士気を広めていきました。しかし、明治時代にあっては、国歌制定は宮内省や文部省によって進められたものの、すべて失敗しており、法的には小学校用の祝祭日の歌にすぎませんでした。

教育勅語

「教育ニ関スル勅語」を略して「教育勅語」。一八九〇年に国民道徳の基本と教育の根本理念を明示するために発布した明治天皇の勅語（ことば）。

「父母孝行」「兄弟ニ友（仲よく）」「夫婦相和」「公益世務」「遵法」「義勇」などの十二の徳目を列挙し、「もって皇運を扶翼すべし」（＝それによって臣民は皇室の繁栄に協力しよう）と説いたもので、学校教育の基本としました。

教育勅語は校長が読み上げるのですが、読み上げている最中は全員頭を下げていなくてはならず、教育勅語の最後のことばである「御名御璽」（ぎょめいぎょじ）まで行くと子どもたちは鼻水をすすりあげたといいます。

日本が中国東北部を侵略して「満州国」とし、朝鮮を植民地にすることと相まって、政府は「君が代」を次に示す尋常小学校の教科書（一九三七年尋常小学校修身書　巻四　今の四年生）に「國歌」と記載し、子どもたちに「忠君愛国」の精神を教え込んでいきました。

ただ、わずか五年後の四二年国民学校教科書では「國歌」が消え「君が代」と変わりました。国歌に制定されていなかったからでしょうか。タイトルは「君が代」に変わりましたが、文章中には「國歌である君が代」と書かれていました。

第二十三　國歌

「君が代は、千代に八千代に、さざれ石のいはほとなりて、こけのむすまで。」とほがらかに歌う聲が、おごそかな奏楽と共に學校の講堂から聞こえて来ます。

今日は紀元節です。學校では、今、儀式が始まって、一同「君が代」を歌ってゐるところです。

校長は一字でも読み間違えたら辞めさせられ、火事で奉安殿（御真影と教育勅語を収めた建物）が燃えたために自殺した校長もいたということです。

戦後、日本国憲法、教育基本法が成立する中、一九四八年六月十九日に教育勅語の排除・失効確認が衆参両議院で決議されました。

忠君愛国

君主（天皇）に忠節を尽くし、自分の国を愛すること。忠君愛国を国民道徳の基本として示したのが『教育勅語』。

どの國にも、國歌といふものがあって、其の國の大切な儀式などのあるときに、奏楽に合はせて歌ひます。「君が代」は日本の國歌です。我が國の祝日や其の他のおめでたい日の儀式には、國民は、「君が代」を歌つて、天皇陛下の御代万歳をお祝申し上げます。

「君が代」の歌は、「我が天皇陛下のお治めになる此の御代は千年も萬年も、いや、いつまでもいつまでも続いてお栄になるやうに」という意味で、まことにおめでたい歌であります。私たち臣民が「君が代」を歌ふときには、天皇陛下の万歳を祝ひ奉り、皇室の御栄を祈り奉る心でいっぱいになります。外國で、「君が代」の演奏を聞くときにも、ありがたい皇室をいただいてゐる日本人と生まれた嬉しさに、思はず涙が出るといひます。

「君が代」を歌ふときには、立って姿勢をただしくして、静かに真心を込めて歌はねばなりません。人が歌ふのをきいたり、奏楽だけをきいたりするときの心得も同様です。

外國の國歌が奏せられるときにも、立ってしせいをただしくしてきくのが禮儀です。

尋常小学校
現在の小学校に当たります。明治時代の一八八六年、尋常小学校（四年生まで）が発足し、その後六年生までとなりました。この期間を義務教育としましたが、貧困から通学できない子どもも多くいました。一九四一年に国民学校となると、尋常小学校は国民学校初等科と呼ばれました。

Q19 敗戦後、「君が代」の扱いは変わったの？

天皇を讃える歌「君が代」ですから、国民主権となった日本国憲法下では歌えないと考える人はかなりいたでしょうね。当時の政府の方針は？

GHQの実質禁止

「君が代」は、天皇の代が千年も万年も続きますようにと願う歌ですから、天皇が主権であった大日本帝国憲法下の歌ですし、「君が代」がつくられた当時は、天皇奉迎の儀礼用の歌でした。

日本国憲法は、前文で「主権が国民に存することを宣言し」（「国民主権」）と明記しますから、その憲法下にあって、天皇の代が末永く続くようにと願う歌、「君が代」は違憲（憲法違反）と考える人が、敗戦後から今日まで一定程度存在してきました。しかし、「日の丸・君が代」が日本社会から消えたのは、敗戦後の一時期のみでした。

敗戦後日本を統治した連合国軍総司令部（GHQ）のマッカーサーは、

連合国軍総司令部GHQ　第二次世界大戦（日本ではアジア諸国への侵略）で日本・ドイツ・イタリアと戦った国を連合国と言い、最高指令官はアメリカのマッカーサー。日本政府がポツダム宣言のとおりに軍隊の解体、戦犯の逮捕、思想・言論の自由を制限してきた法令の撤廃など、民主的政治を行なうことを名目に、敗戦後の日本に駐留しました（〜一九五二年）。実態は、日本を拠点にしてアメリカが戦後のアジアを実効支配するというもので、沖縄に

まずは、国体主義に基づく天皇観の排除に手をつけ、ご真影の「奉還」（一九四五年十二月。日本政府は、回収とは言いませんでした）、教育勅語の「奉読」禁止（四六年十月）、奉安殿の撤去（四六年六月）を指示しました。侵略に使ったハタとウタ、「日の丸」の掲揚及び「君が代」斉唱についても実質、禁止しました。GHQは戦争中の国民学校の教科書の、戦争賛美につながる記述を子どもたちに消させましたが（墨塗り教科書という。消した箇所の方が多かったと、当時子どもであった人は言いました）、「日の丸・君が代」は消す対象にしませんでしたから、厳重な禁止ではなかったようです。

「日の丸」については四五年十月一日、公式掲揚を禁止しました。しかし、「日の丸」掲揚を望む者には申請をすれば許可するとし、日本国憲法を祝う祝賀都民大会（四六年十一月）等で掲揚されました。さらには、早くも四八年九月、GHQは「国民の祝日に限り、あらかじめ司令部の許可なくして国旗を掲揚できる」としました（マッカーサーは四九年の年頭の挨拶でそれを表明）。

「君が代」はGHQから禁止されることはなく、それ以前の四六年に、文部省が「国民学校施行規則の一部改正」をし、紀元節等の儀式で「君が

米軍基地が密集しているのはそのためです。

代」を合唱すべきとする記述を削除したため、学校教育から消えました。

「日の丸・君が代」の復活

アメリカがソ連（正式名称は「ソビエト社会主義共和国連邦」 今のロシア）を敵対視する政策をとるようになる（一九四八年以降）と、ＧＨＱは戦犯の釈放や「日の丸・君が代」の使用を認める（一九四九年一月）など、当初の占領方針を変えました。日本を社会主義・共産主義国ソ連に対する「反共のとりで」とするためには、これまで禁じてきた戦前戦中の軍国主義・国家主義を復活させることが効果的と考えたのでした。その筆頭が学校教育においては「日の丸・君が代」でした。

政府はすぐにそれに飛びつきました。子どもたちを戦場にかりたてた戦前戦中の教育に対する反省が、政府にはなかったということです。

一九五〇年、天野貞祐文部大臣は国民の祝日に関する「談話」を発表し、「学校や家庭で日の丸掲揚、君が代斉唱することを推奨する」と言い、これを周知するために通達を全国の教育委員会に出しました。日本教職員組合（日教組）の組織率が高く、「子どもたちを再び戦場に送らない」と行動している県では、「日の丸・君が代」の実施に反対し行動しましたが、そうではない県では、「日の丸」が校門や式場に掲げられ、「君が代」斉唱がなされていきました。その後文部省は、一九五八年改訂の学習指導要領に「国旗を掲揚し、君が代をせい唱させることが望ましい」と明記しました。学習指導要領に明記したことで、「日の丸・君が代」を実施する学校が増えていきました。

一九五七年に田舎の小学校に入学した筆者は、元旦には登校し「日の丸」が揚がった運動場の掲揚台の下で、箱に入った紅白まんじゅうをもらいうれしかったこと（元旦の儀式は戦前の「小学校祝日大祭日儀式規程」にあり、それが戦後十年以上経っても行なわれていた）、運動会では掲揚台に「日の丸」が揚がっていたこと、自身の小学校卒業式では会場中央に「日の丸」が掲げられ「君が代」斉唱したことを記憶しています。中学校・高校ともに入学式・卒業式で「日の丸」に向かって起立し「君が代」斉唱をしました。日教組の活動が弱い地域だったのだと思います。

Q20 「日の丸・君が代」や天皇について、教科書の記述は？

国が教えたい「尊重する態度」や「敬愛の念」は一つの考え。異なる考えがある中、それのみを子どもたちに教えていいのでしょうか。

社会科と音楽で

現在の『社会科六年生学習指導要領』は、学習する「目標」三点の一つに「我が国の歴史や伝統を大切にし、国を愛する心情を育てるようにする」ことを掲げ、「内容の取扱い」では「『天皇の地位』については、日本国憲法に定める天皇の国事に関する行為など児童に理解しやすい具体的な事項を取り上げ、歴史に関する学習との関連も図りながら、天皇についての理解と敬愛の念を深めるようにすること」及び「我が国の国旗と国歌の意義を理解させ、これを尊重する態度を育てるとともに、諸外国の国旗と国歌も同様に尊重する態度を育てるよう配慮すること」（傍線は筆者）と記述し、教員にこれを授業で教えるよう求めます。

また『音楽科学習指導要領』は小学一年生用から高校生用まで、「国歌『君が代』は、いずれの学年においても歌えるよう指導すること」と記述します。国は子どもたちに「天皇への敬愛」「国旗国歌の尊重」「国歌を歌えること」を要求しているということです。

侵略戦争への反省から一九四七年制定の日本国憲法は、それまでの大日本帝国憲法の「天皇主権」を「国民主権」としましたが、男たちを戦場に駆り出し、アジア諸国を侵略させた昭和天皇の戦争責任を問わずに、「象徴」として残しました。日独伊三国同盟（一九四〇年九月）を組んだドイツがヒットラーを自殺に追い込み、イタリアがムッソリーニを処刑した（どちらも一九四五年四月末）ことと比べると、日本は戦争責任の捉え方に差異があったと思われます。両国は敗戦後、侵略に使った国旗も廃棄し新たな国旗に変えました。

なお、ドイツではナチ犯罪に時効はなく、また誰であってもホロコースト（ユダヤ人大虐殺）という歴史的事実はなかったと流布すれば刑事責任が追及されるなど、厳しく対応してきました。事実、戦犯の逮捕を近年まで行なってきました（現在は戦犯の生存者はいない）。

イタリアの国旗

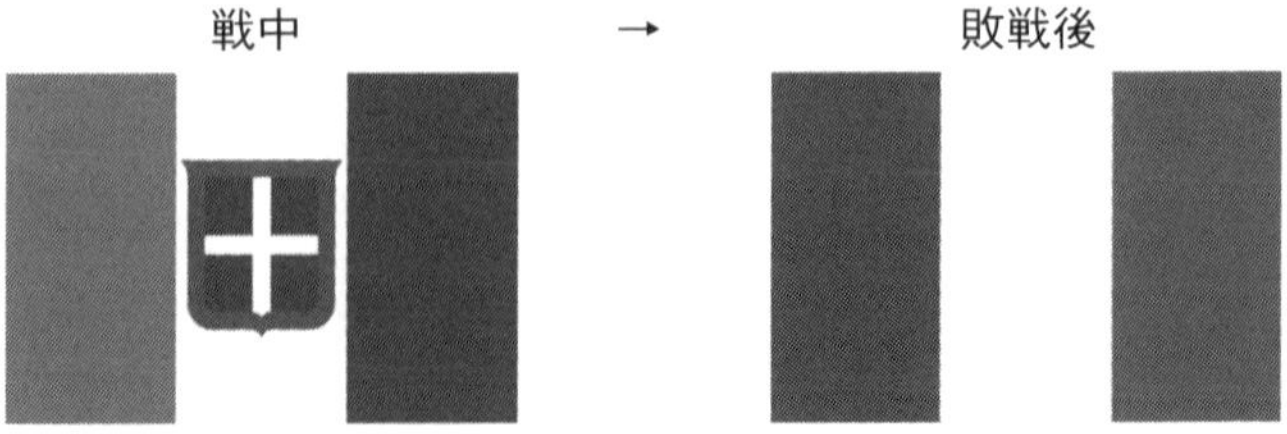

1848 ～ 1943年　　1948年～

偕成社「改訂版　世界の国旗図鑑」より

※岩崎書店『国旗大図鑑』では、戦中の年代を「1848 ～ 1861、1861 ～ 1943、1945 ～ 1946年」と区分しています。現在、イタリア共和国ですが、1946年まではイタリア王国でした。

日本軍によって肉親の多くが殺されたアジア諸国の人々は、今も裁判等を通じて日本に謝罪を求めています。戦後七十九年、と言うと若い人たちにとってははるか昔のことと感じるでしょうが、日本の侵略によって親兄弟を奪われ孤児となるなどの苦労された方々にとっては日本政府から謝罪も補償もされなかったのですから、戦争は終わっていません。「戦後」は来ていません。従軍慰安婦にされた金学順さんが語ったように、天皇、「日の丸」に対して好感情を持てない人たちがアジア諸国に少なからず存在します。日本人のなかにも、戦争孤児となったり空襲や原爆等で被害を受けた方がいて、やはり、戦争は終わっていません。

生まれてすぐに孤児になり何とか生き延びた方々は、二〇二四年現在七十九歳です。この後を安心して生きてもらうために、政府は今からでも国内外の戦争被災者に謝罪と補償をすべきと筆者らは思います。

さて、「敬愛」や「尊重」の考えを持たない人が存在する中、一方の（政権の）価値観である「敬愛」「尊重」を子どもたちに教え込んでよいものでしょうか。この価値観だけを学校で学習したら、子どもたちは、これが正解と思ってしまいます。卒業・入学式で「日の丸」に正対し起立して「君

ドイツの国旗

戦中 → 敗戦後

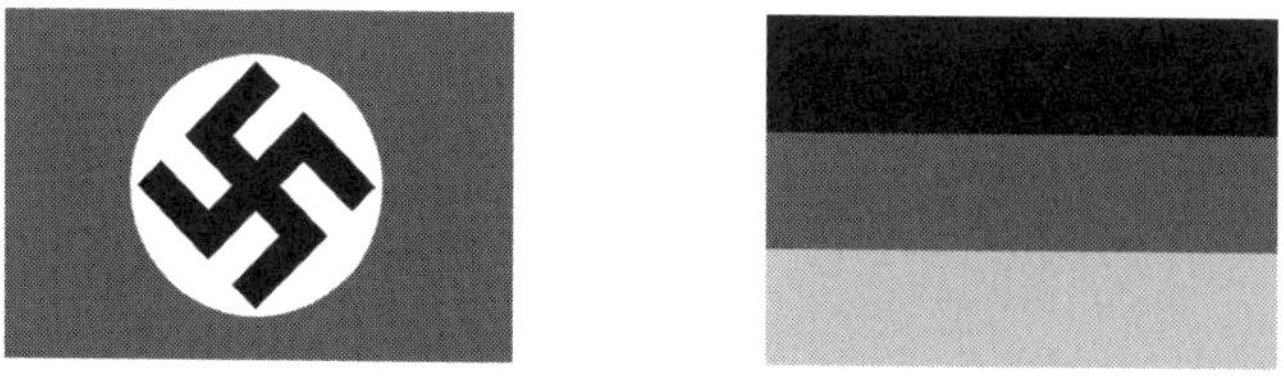

1935～45年　　1949年～

が代」を斉唱する行為に加え、社会科での「敬愛」「尊重」の学習は、戦前戦中の学校教育と同じです。

公立学校のすべきことは、政権の考えを教え込むのではなく、「日の丸・君が代」・天皇について、子どもたちがその歴史や意味を知り、それをもとに考え判断する機会を設けることです。対立する考えがあることも知らせるべきです。考え判断するのは子どもたち自身、学校教育はそれをサポートすることに徹するべきです。そうすることが子どもたちの「教育を受ける権利」（憲法二十六条）及び子どもたちの「思想・良心の自由」（憲法十九条）を保障することになります。

なお、『社会科六年生学習指導要領』は「歴史に関する学習との関連も図りながら」と書くものの、文科省が言うその歴史は、「敬愛」「尊重」に結びつく歴史ということです。金学順さんの声を取り上げたら不適切な授業とされかねません。

三歳児に「日の丸・君が代」

二〇一八年度からは幼児にまで「日の丸・君が代」の尊重を求めていま

す。幼稚園及び保育園、認定こども園が教える基準を示す「幼稚園教育要領」「保育所保育指針」「幼保連携型認定こども園教育・保育要領」に、三歳以上の幼児については「行事において国旗に親しむ」「国歌、唱歌、わらべうた……に親しんだり」させると記述しました。「親しむ」は好感情ですから、「尊重」につながります。

三歳児、そんな小さな子どもにまでなぜ、「日の丸・君が代」なのでしょう。「三つ子の魂《たましい》百まで」と言います。生まれながらに政権・国家の考えを刷り込もうということでしょうか。国家の考えを刷り込み、国家に忠実な国民を育成する政治とそれに基づく教育。これもまた、子どもたちに「お国のため天皇陛下のため」を刷り込んだ戦前・戦中の教育と同じです。また、今なお専制政治を行なう国を連想させます。

Q21 「日の丸・君が代」が国旗国歌になったのはいつ?

一九九九年八月九日、長い歴史から見るとごく最近のことです。文部省の圧力によって校長が自死したことをきっかけに。

きっかけは

一九九九年三月の卒業式を前に、広島県教委は県立高校長及び市町村教委に対し、卒業式で「君が代」斉唱を実施するよう職務命令を出しました。その実施に悩み苦しんだ一人、広島県立世羅高等学校の石川校長は卒業式前日に自殺して亡くなってしまいました。このことをきっかけに、ときの自民党政府は国旗国歌法を制定しようと動き、同年八月九日の国会で成立させたのでした。

なぜ校長は「君が代」斉唱に苦しんだのでしょう。まずは、ここを見ていきましょう。

一九八五年に文部省が「日の丸・君が代」実施の実態調査に乗り出し、

国旗国歌法

正式には「国旗及び国歌に関する法律」(略して国旗国歌法)「第一条 国旗は、日章旗とする。」「第二条 国歌は、君が代とする。」の二条から成ります。「日の丸」の旗を法律上は「日章旗」と言います。

実施率が全国一低い沖縄県に圧力を加えたことはQ12で見ました。次に圧力を加えたのが、広島県に対してでした。

出来レースのような感じでことは進みました。九八年四月一日の参議院予算委員会で自民党議員が、広島県の一人の中学校教員を証言台に立たせたうえで、「広島県の教育は学習指導要領から逸脱している」と発言しました。それを受け、文部省は直ちに広島県教委と同県福山市教委に行き調査。五月には文部省官僚の辰野裕一氏を広島県に派遣し、氏を県教育長に据えて「是正指導」を行ないました。その「是正指導」の第一が「君が代」斉唱を実施することでした。「指導」という言葉を使いましたが、「指導」に従わなかった校長を辰野県教育長は懲戒処分に処したのですから、実態は「命令」でした。九九年、二〇〇〇年は校長を処分し、全ての学校が「君が代」を実施するようになった二〇〇一年からは「君が代」起立をしない教員の処分を始めました。

戦前・戦中の学校教育が国家のための教育であったことへの反省から、一九四七年制定の教育基本法は「第十条（教育行政）教育は、不当な支配に服することなく、国民全体に対し直接に責任を負って行われるべきもの

九八年四月一日の参議院予算委員会で証言した広島の中学校教員

この教員は「ひどい時は、廊下を自転車で二人乗りをして、『イエーイ』と声をあげながら手を振って他の先生や生徒をからかったりという状態です。」などの証言を行ないましたが、実際にはその中学校にはそのような事実がなかったことが判明しています。国会での証言に驚いた多数の保護者からの問い合わせに同教員はPTA総会で、「この中学校ではなく聞いた話」と答えたとのことです（全日本自治団体労働組合広島県本部二〇〇〇年）。当時、このことは東京に住む筆者らにも聞こえてきました。

である」と謳いました。ここで言う「不当な支配」は、民間の団体だけでなく文部省や教育委員会についても該当するというものでした。

したがって、文部省が各都道府県教委に、同教委が区市町村教委に対してできることは「指導・助言」であり、それを超えた「指示・命令」はしてはいけないとされてきました。

文部省が「是正指導」という名を使って辰野氏を広島県教委の教育長に据えて行なったことは「指導」にとどまりませんでしたから、教育基本法が禁止する「不当な支配」そのものでした。

文部省の「是正指導」が入る前と入ってからの広島県の学校の違いは

「是正指導」の第一であった「君が代」の実施。それまで広島県の各学校は「日の丸」は掲揚していましたが、「君が代」は実施しない（「君が代」のメロディーを流しても斉唱はしない、を含む）ことを県高校教職員組合（県高教組）と県教委とで申し合わせていました。

県教委は九二年二月二十八日、「『日の丸・君が代』についての見解」を県高教組と部落解放同盟県連に宛てて文書で出しました。文書には「『君

是正指導

「是正指導」の内容は、「日の丸・君が代」、人権教育などの教育内容にかかわるもののほかに、教職員の勤務や出張についての管理や、主任制度、職員会議の位置づけまで。職員会議については、論議を経て多数決で決めることを止めさせ、校長が教育委員会の指示通りに学校を運営するとしました。それまで広島県教委がしてきたことを根本から覆しました。

「不当な支配」

二〇〇六年教育基本法を制定する国会で、伊吹文科相（当時）は一九七六年の旭川学力テスト事件最高裁判決を示して、「教育行政機関（文部省や教育委員会）が行う行政でも、『不当な支配』にあたる場合がありうる」と答弁しました。

が代』は歌詞が主権在民の憲法になじまないという見解もある。身分差別につながる恐れもあり、国民の十分なコンセンサスが得られていない状況もある」から「『日の丸・君が代』についての教育内容は各学校が主体的に創造するもの」と明記しました。これ以降「是正指導」が入るまではこの確認が活きていました。そのことを理解して大半の学校が「君が代」斉唱を実施してこなかったところに、辰野教育長の職務命令が出され、苦しんだ石川校長は自死に追いこまれてしまいました。

苦しみのなか、別の行動を執った校長も数多くいました。辰野教育長の職務命令に抵抗したのです。この年度（九八年度）の卒業式と続く九九年度入学式で「君が代」斉唱を実施しなかった、すなわち「是正指導」に従わなかった小・中・高の校長が卒業式で一三五人（『中国新聞』九九年四月二十九日付）、入学式で約一〇〇人（『朝日新聞』九九年四月二十九日付）いました。延べ二三五人の校長たちに対して辰野教育長は訓告などの注意処分を発令しました。マスコミの取材に対し校長の一人は、「職務命令に逆らうのは校長失格ということ。でも、一生に一度の卒業式ということで、生徒たち一人ひとりの思いを考えて決断した」と語ったとのことです。どの校長も、

部落

江戸幕府が「士農工商」という身分制度をつくった際に、重い年貢の納入に苦しむ「農工商」たちの不満をそらすため、「えた・ひにん」という最下層の被差別身分を作りました。その差別は身分制度が廃止になった後も続き、被差別部落の人びと自身の手で解放を実現しようと一九二二年、「水平社宣言」を出しました。戦中は政府がこの運動を禁止。

戦後、運動は再開されてきましたが、入社試験で出身地を聞かれるなどの差別はなくなりませんでした。二〇一六年には、差別の解消に向けた国等の取組を定めた「部落差別の解消の推進に関する法律」が施行されました。この法律が近年成立したことからも、部落差別が今も続いていることがわかります。

職務命令違反での処分・注意を覚悟しての行動だったと思われます。

一方、大半の校長は辰野教育長の職務命令に従ったので、九八年度卒業式での「君が代」実施率は小学校八五・二%、中学校七五・二%、高校八八%と、前年度の小学校三七%、中学校三七%、高校一八・八%からぐんと跳ね上がりました。一カ月後の九九年度入学式では高校は一〇〇%に、小学校は九七・四%、中学校は九八・〇%となりました。

小中学校の実施率が一〇〇%にならなかったのは――。わかる範囲で言えば、九九年度の卒業式では、府中市の小中学校の校長一六人、新市町《しんいちちょう》（現在は福山市）の小中学校長六人が「君が代」斉唱を実施しませんでした。新市町の小学校校長四人は二〇〇〇年度入学式でも「君が代」斉唱をしませんでした。学校運営は校長の職務です（「校長は校務をつかさどる」）から、校長たちのこの選択は法令にかなったものでした。

府中市教委は各校長の決断を支持し、処分するための「事故報告書」を県教委に上げないという決定をし、県教委に対しては「処分は適当でない」との見解を示しました。県教委と市教委との関係も「指導・助言」止まりであって「指示・命令」はしてはいけないことになっているので、府

学校教育法三十七条
「校長は、校務をつかさどり、所属職員を監督する」

中市教委の決定も正当なものでした（教育基本法第一〇条ほか）。しかし、この一六人の校長に対し、県教委は同市教委を飛び越えて戒告処分を出しました。

辰野広島県教委教育長は教組などに責任転嫁

「是正指導」が入る前の広島県教委はQ13見たように、「日の丸・君が代」について「指導するものとする」とした八九年改訂の学習指導要領に反対する意見書を出しています。こうした姿勢を保持してきた広島県教委をぶち壊すために文部省は「是正指導」の名の下、県教委に対し不当な支配をしたのです。その「是正指導」によって、石川校長は自死してしまったということです。

さて、校長の自死に対し、県教委はどのような見解を出したのでしょう。辰野教育長は、「各学校の判断や努力に任せるのは酷なので、県育委が前面に立つようにと職務命令を出した。石川先生は当初から、校長として職務を遂行しようという姿勢で努力を続けておられた。職務命令が重圧となったとは受け取れない。ただ、相当な孤独感があったのは確かだ」（『中

懲戒処分をする機関

処分は、県立学校の職員に対しては県教委が発令しますが、市町村の教員に対しては、市町村教委が県教委に「事故報告」（職務命令を拒否したから処分してほしいというもの）をあげ、それをもとに県教委が処分を発令します。

公立の小・中学校における懲戒処分権を持つ機関は、都道府県教委だからです（地方教育行政の組織及び運営に関する法律三十七条、同三十八条）。

同和教育

部落差別を中心に、あらゆる差別をなくすための教育を同和教育と言います。

国新聞』一九九九年五月一日付）と言い、自殺の背景について調査した結果、「①世羅高校では実質的に職員会議が最高議決機関として機能し校長の権限が大きく制約されていた、②国旗・国歌の実施については最終的に校長一人が孤立していた、③高校教職員組合に加え、部落解放同盟県連の組織的な反対運動があり厳しい状況になっていた」と指摘した（『朝日新聞』一九九九年五月一日付）ということです。石川校長は「君が代」を実施しようとしたが、同校の高教組に所属する教職員及び部落解放同盟県連の反対に遭い、孤立したのだ、県教委に自死の責任はない、県教委は校長を助けるために職務命令を出した、とまで言ったのです。

県教委の発言に対し高教組は「県教育委員会が職務命令を出し、校長の教育的良心を追い詰めた構図は変わらない」「県教育委員会は自らの対応の間違いを振り返らず責任を転嫁し、震えるような怒りを感じる」と、部落解放同盟県連は「校長の死は、県教育委員会の権力をかさにきた職務命令が最大の要因。今回のまとめは、調査も不十分で事実に反している部分もある。抗議し、正していくつもりだ」と言いました（『毎日新聞』一九九九年五月一日付）。

Q22 「国旗国歌法」はどういう経緯でつくられたの？

石川校長の自死に際し、辰野教育長は「各学校（校長）の判断や努力に任せるのは酷なので職務命令を出した」と発言。国旗・国歌法も同じ理由で？

校長自死で政府は国旗国歌法の制定へ

石川校長が自死する直前の一九九九年二月二十五日の国会で、小渕首相（当時）は「『日の丸・君が代』が国旗・国歌であるとの認識はすでに広く国民に定着しているから、現時点では政府として法制化については考えておりません」と答弁しました。しかし直後の三月二日、野中官房長官（当時）は、「（「日の丸・君が代」の一〇〇％実施を＝筆者補足）学習指導要領だけで対応させるのがいいのか。小渕総理大臣と相談の上、法制化を検討する」と言い、六月十一日に閣議決定したうえで六月二十九日、小渕首相は国会に法案を提出しました。校長の自死で、政府は国旗国歌法の制定に向かったということです。

法案に対し各党はどのように捉え発言したかを見ていきましょう。

志位和夫（日本共産党）参議院議員は、「特に、法制化について国論が二分しているもとでこの法案を強行することは、国旗・国歌という国民の重大事を決めるときのやり方として、民主主義にもとる乱暴きわまるものではありませんか。……教育現場で起こっている矛盾についても、何も解決しないどころか、一層のあつれきと悲劇を生むことになるでしょう。／日本共産党は、この法案を廃案にすることを強く求めるものであります。国民的討論を十分に保障し、国民的合意によって日本にふさわしい国旗・国歌を決めていくことこそ、政治の責務である……」と。法制化に反対する国民が多い現状で、今は法制化すべきではない。十分な討論を保障し「国民的合意」を得たうえで決めるべき、と言いました。

中西績介《せきすけ》（社会民主党・市民連合）衆議院議員も日本共産党と同趣旨の発言をしました。「（政府の言う＝筆者）定着とはあくまでも主観的な見解にすぎず、およそ法制化の根拠たり得ません。／今回の法案については、……国旗・国歌が法律で定めるべきものかどうか、日の丸・君が代が国旗・国歌としてふさわしいものかどうかなどをはじめ、数多くの本質的論点につ

世論調査①
日の丸・君が代の法制化に賛成する人は四七％、両方とも反対ないしはどちらか一方は反対という人が四八％（ＮＨＫによる世論調査　一九九九年六月十五日発表）

世論調査②

日の丸に親しみ	感じる79%	感じない19%
君が代に親しみ	感じる65%	感じない31%
日の丸法制化	必要ある59%	必要ない35%
君が代法制化	必要ある47%	必要ない45%
政府法案	賛成58%	反対29%
法案成立	今国会で23%	議論を尽くせ66%

1999年6月30日朝日新聞

いて広く国民的論議を行ない、……国民的合意を得るまで慎重に検討すべきであります。こうした当然必要とされる作業を抜きに提出された法律案について、私は、断固反対であることを表明します」と。

これに対する小渕首相の答弁は、「二十一世紀を迎えることを一つの契機として、これまで慣習として定着をしてまいりました国旗・国歌を、成文法にその根拠を明確に規定することが必要であるとの認識のもとに、法制化を図ることといたしたものであります」というものでした。前頁下欄の世論調査結果を見て、小渕首相の言うように、「慣習として定着」していると思えますか。

利用された 村山元総理の発言

なお、中西議員は「日の丸・君が代」を受け入れることはできないと考える人たちの考え等についても発言したので、その部分を紹介します。

「日の丸・君が代をどう認識するかについては、基本的には国民一人ひとりがみずからの思想信条に基づいて判断するもの……／日の丸については、……過去の歴史において侵略のシンボルであったことを踏まえ、侵略

村山富市総理大臣

日本社会党（一九九六年に社会民主党に改名）の党首であり、一九九四年六月三十日から九六年一月十一日まで内閣総理大臣を務めました。

村山首相所信表明演説一九九四年七月十八日

「……このような国際情勢のもとで、我が国がどのように対応していくべきか。一言で申し上げれば、国際社会において平和国家として積極的な役割を果たしていくことであります。我が国は、軍備なき世界を人類の究極的な目標に置いて、二度と軍事大国化の道は歩まぬとの誓いを後世に伝えてゆかねばなりません。また、唯一の被爆国として、いかなることがあろうと核の惨禍は繰り返してはならないとの固い信念のもと、非核三原則を堅持するとともに、厳

戦争、植民地支配への反省の意が内外に明確な形で宣言されることが必要……。／君が代については、戦前、大日本帝国憲法のもとで、主権者たる天皇をたたえる歌として、我が国はもちろん、侵略や植民地支配の中でアジアの人々に強制してきた歴史的事実がある以上、主権在民、平和主義をうたった日本国憲法のもとで、ふさわしいものではありません。／現在、学習指導要領によって強制されている日の丸掲揚、君が代斉唱は、明らかに、憲法が保障する内心の自由や思想、良心などの精神的自由に抵触するものであると考えます。／一九九四年七月の衆議院本会議において、当時の村山総理が、国旗の掲揚、国歌の斉唱は本来強制すべきものではないと答弁しているにもかかわらず、現実には、強制の方向が強められてきました」

これに対し野中広務官房長官は、こう答弁しました。

「村山元総理は、国旗・国歌の指導について、これからの国際社会に生きていく国民として必要な基礎的、基本的な資質を身につけるために必要なことであるという旨答弁をされておる」「一九九四年七月十八日、村山元総理大臣が所信表明の質疑に答えられ、自衛隊、日米安保体制を容認さ

格に武器輸出管理を実施してまいります。もとより、国民の平和と安全の確保は重要です。私は、日米安全保障体制を堅持しつつ、自衛隊については、あくまで専守防衛に徹し、国際情勢の変化を踏まえてそのあり方を検討し、必要最小限の防衛力整備を心がけてまいります。……」

同年七月二十日の衆議院本会議の代表質問に対する村山首相答弁

「日の丸が国旗、君が代が国歌であるとの認識が国民の間で定着しており、私自身も尊重したい。しかし、国旗の掲揚、国歌の斉唱は本来、強制すべきものではない。」「自衛隊は合憲か違憲か」と迫る新生党党首の羽田孜議員に対し、「自衛隊は憲法の認めるものだ」と明言しました。

れますとともに、国旗・国歌について、長年の慣習により、日の丸が国旗、君が代が国歌であると認識をする中で定着をしており、私自身これを尊重してまいりたいと答弁された……」と。

村山総理大臣（首相）は、自民党・社会党・新党さきがけの三党連立政権の首相に一九九四年六月に就任。日本社会党はそれまでは自衛隊違憲、日米安保反対、非武装中立の政策を掲げてきましたが、村山氏は連立政権の首相となったと同時期に、党の方針を変えました。連立政権の首相として政策を変えざるを得ないと踏んだのでしょうか。そのことから、「日の丸・君が代」についても「強制すべきではない」とは言いましたが、「国民として必要な基礎的基本的な資質を身につけるために必要」と言ったのです。「強制すべきではない」には触れずにいいとこ取りをした野中官房長官の答弁ですが、村山首相の答弁は矛盾したもので自民党はその弱みにつけ込んだと言っていいでしょう。

野中官房長官は「日の丸・君が代」を完全実施させるのに、「学習指導要領だけで対応させるのがいいのか」と言いました。それは学習指導要領の「国旗を掲揚するとともに国歌を斉唱するよう指導するものとする」と

同年七月二十一日の参議院本会議の村山首相答弁

「（文部省の）指導は、わが国の国旗・国歌はもとより、諸外国の国旗国歌に対する正しい認識とそれを尊重する態度を育てるために行なうこととしたもの。……行政府としてはこのような指導は、これからの国際社会を生きていく国民として必要な基礎的基本的な資質を身につけるために必要と……考える。」

の記述だけでは一〇〇%実施は難しい、もっと強力な法令等が必要と考え、国旗国歌法の制定にたどり着いたということ。辰野広島県教育長と同じく、職務命令を使って「日の丸・君が代」の完全実施を考えたということです。

Q23 一九九九年国会で法制化に反対した政党や日教組の姿勢は？

「国民的合意によって国旗国歌を決める」と言った野党。では、政府が国民的議論を十分保障したら、国民的合意が得られる？　日教組もそう考えた？

野党は国旗・国歌があって当然の立場

日本社会党も日本共産党も「強制すべきではない」と言いましたが、法制化自体には反対ではなく、広く論議を起こし、「国民的合意によって日本にふさわしい国旗・国歌を決めていくべき」という方針を出しました。

その理由について日本共産党は次のように述べました。「党は侵略戦争に使った『日の丸』と国民主権のいまの憲法にそぐわない『君が代』を国旗・国歌とすることには反対だという立場をこれまであきらかにしてきた。また、少なからぬ国民が、『日の丸』『君が代』には同意していないのに、政府は学校への押しつけを強めている。国旗・国歌を、子どもたちに強制的に義務づけている国はどこにもなく、日本は異常だ。なのに、政府は、事実上国旗・国歌あつかいされているものだから、あらためて議論をする必要はないと言う。この状況を打ち破るには、この問題を国民的な討論の舞台に移す必要があると党は考える。政府が法制化を言い出したことに、アジア諸国からも『異議あり』の声が起きているのだ」（要旨　不破書記長談話一九九九年三月十七日）。不破書記長も「日の丸・君が代」の問題点には言及しましたが、国旗・国歌はあって当然と考えていたようです。

肝心の日教組は？

では、学校の教員たちの組合、日本教職員組合（日教組）の方針はどうだったのでしょう。日教組は組合を結成した一九四七年以来、戦前・戦中の教員たちが子どもたちを戦場に送ってしまったことへの反省から、「教え子を再び戦場に送るな」というスローガンを掲げて運動してきました。「日の丸・君が代強制反対」についても、運動方針に一九七五年以来かかげてきました。しかし、一九九五年に運動方針から外しました。文部省に対して、それまでの敵対路線から協調路線に方針転換を図ったからでした。しかし、国旗国歌法の法制化を閣議決定する中、九九年の運動方針にこれを復活させました。方針に復活させたものの、「日の丸・君が代」で処分を受けた組合員を支援する行動は一切しませんでした。

日教組は法制化について、「国旗・国歌の法制化の議論の前提として、まず日本政府が、戦争の加害についてアジア諸国に謝罪すること、総括をきちんとすることが必要です。政府要人の中にも、日本の侵略戦争を認めないような言動を繰り返す人がいます。政府自身が主権在民の日本国憲法を遵守すべきです。その上で、国民的な幅広い、自由な議論を保障しなければなりません。国会だけで議論して決めるべきではありません」（自主・平和・民主のための広範な国民連合編、月刊『日本の進路』一九九九年七月号）と言いました。日教組も共産党や社会民主党と同じく、法制化自体に反対はしませんでした。

野党や日教組が必要という国旗国歌は、国内だけでなくアジア諸国からも問題視されている「日の丸・君が代」ではなく新たな国旗国歌ということなのか、それとも、「日の丸・君が代」の戦争責任・侵略を反省したならば「日の丸・君が代」でもいいということなのか。そこが明確ではありません。

アジア侵略に使った「日の丸」と天皇制国家を象徴する「君が代」。アジア諸国で日本が行なった戦争は、国際社会では〝侵略〟と認識されていますが、日本国内には侵略を否定し、アジア諸国を植民地から解放してあげた聖戦と主張する人たちがいます。そう主張する人たちは、国旗掲揚推進啓発活動と銘打って「日の丸」の小旗を成人式の会場で配るなどのことをしています。こうした、対立した二つの主張がある中、徹底的に議論したら、一致点が見いだせるのでしょうか。筆者らには一致点が見いだせるとは思えません。

また、政府がアジア諸国に謝罪したら、「日の丸・君が代」を国旗・国歌としてもいいとはならないと思います。日独伊三国同盟であったドイツやイタリアが国旗を変えたように、謝罪する気持ちがあれば、侵略に使った「日の丸・君が代」を国旗国歌とはしないはずです。

当時の世論調査では法制化を「必要ない」と回答した人が一定程度いました。「日の丸・君が代」が国旗国歌とされて二〇年余が経った今、皆様は国旗国歌について、また、学校での強制について今後どうしていったらいいと考えますか。

Q24 国会ではどんなことが論議されたの？

「子供たちの良心の自由を制約しようというものでない」「現行の運用に変更が生ずることにはならない」と答弁しながら、教職員については……。

「教職員が国旗国歌の指導……を拒否することまでは保障されていない」

小渕恵三首相は、一九九九年六月二十九日の衆議院本会議において次の答弁をしました。「学校におきまして、学習指導要領に基づき、国旗国歌について児童生徒を指導すべき責務を負っており、学校におけるこのような国旗国歌の指導は、国民として必要な基礎的、基本的な内容を身につけることを目的として行われておるものでありまして、子供たちの良心の自由を制約しようというものでないと考えております。／……政府といたしましては、国旗国歌の法制化に当たり、国旗の掲揚に関し義務づけなどを行うことは考えておりません。したがって、現行の運用に変更が生ずることにはならないと考えております」。

一方で首相は、「学校教育における国旗及び国歌の指導については、学習指導要領において、……『入学式や卒業式などにおいては、その意義を踏まえ、国旗を掲揚するとともに、国歌を斉唱するよう指導するものとする』としているところである。／なお、学習指導要領は、……法規としての性質を有している」（同年六月一日）、「地方公務員法第三十二条に規定する職務上の命令については、……職員はこれに従わなければならないものと考える。」（同年八月十三日）と答弁しました。

小渕首相は、「現行の運用に変更が生ずることにはならない」と言いながら、教員については「法規としての性質を有している」とする学習指導要領の「国旗……国歌……指導するものとする」に逸脱したら、あるいは「地方公務員法第三十二条が規定する職務上の命令に従わなければ」、処分もあり得ると言ったのです。教員を処分するとなれば「現行の運用に」大きな変更が生じ、それは当然子どもたちに影響するのはわかりきったことでしたが、国会審議はそこを追及することなく進みました。

では、文部省はどう答弁したのでしょう。御手洗康文部省初等中等教育局長は「法制化されれば、さらに指導の徹底が図られるようにしたい。場

学習指導要領は大綱的基準

小渕首相は「法規としての性質を有している」と言いましたが、「大綱的基準」という捉え方が学校現場ではなされてきました。旭川学テ最高裁判決も「大綱的基準」としました。学習指導要領が大綱的基準なのか、法的拘束力があるのかは論争になってきました。

合によっては職務命令が出されることもある」（同年七月三十日の参議院国旗国歌特別委員会）と言い、矢野重典文部省教育助成局長（いずれも当時）は「教職員が国旗国歌の指導に矛盾を感じ、思想・良心の自由を理由に指導を拒否することまでは保障されていない。公務員の身分を持つ以上、適切に執行する必要がある」（同年八月二日の参議院国旗国歌特別委員会）と言いました。文部省答弁は処分もありうる、というものでした。

法案は七月二十二日の衆議院本会議で賛成四〇三票・反対八六票で、八月九日の参議院本会議で賛成一六六票・反対七一票で可決、成立しました。

ちなみに、国旗国歌法が成立したことについて自民党は、『平成二十年度版　自由民主党の歩み』の中で次のように記しています。「八月九日に成立した日の丸を国旗とし君が代を国歌と規定する国旗国歌法も特筆に値します。これは、卒業式での国旗国歌の扱いをめぐって広島県で起きた高校校長自殺事件を契機に、小渕首相や野中官房長官が法制化を決断したのです。これで日本人は世界各国と同じように胸をはって日の丸を掲げ、君が代を斉唱できるようになりました」。法制化によって、これまで「国旗国歌ではない」を根拠に「日の丸・君が代」に反対してきた教員たちに反対する根拠がなくなり、校長は「胸をはって」掲揚・斉唱が実施できるようになったと『歩み』は法制化の喜びを語っています。法制化は自民党の長年の念願でしたから、特筆すべきことだったのでしょう。

「長年の慣行」なら思想・良心の自由を侵害しない

「敬愛の念」や「尊重する態度」を教えることは子どもたちの思想・良心の自由を侵害すると筆者らは考えますが、国旗国歌法に関する国会で、国連の「子どもの権利条約」との関連での質問に小渕首相は次のように答弁しました（石垣一夫衆議院議員提出「国旗・日の丸、国歌・君が代」法制化等に関する質問に対する答弁書　内閣総理大臣・小渕恵三　九九年六月十一日）。

「児童の権利に関する条約（平成六年条約第二号）第十四条の思想、良心の自由とは、一般に内心（すなわちものの考え方ないし見方）について、国家はそれを制限したり、禁止したりすることは許されないという意味であると解される。学校における国旗掲揚及び国歌斉唱の指導は、日の丸及び君が代が、長年の慣行により、それぞれ国旗及び国歌として国民の間に広く定着していることを踏まえ、児童生徒が国旗及び国歌の意義を理解し、それ

子どもの権利条約（Convention on the Rights of the Child）

世界中全ての子どもたちが持つ人権（権利）を定めた条約で、一九八九年国連総会で採択。日本政府は「児童の権利に関する条約」という名称にしました。

を尊重する心情と態度を育てるとともに、すべての国の国旗及び国歌に対して等しく敬意を表する態度を育てるために行うこととしているものである。このような指導は、児童生徒が将来広い視野に立って物事を考えられるようにとの観点から、国民として必要な基礎的、基本的な内容を身につけることを目的として行われているもので、児童生徒の思想、良心を制約しようというものではなく、同条には反しないと考えられる。」

思想・良心の自由を侵害しない理由が「長年の慣行」だと政府答弁は言います。「長年の慣行」を理由にしていいものでしょうか。

さて、「男女七歳にして席をおなじうせず」（戦前・戦中の学校は男女別のクラス編成）などの性別役割分業、男らしさ・女らしさは、日本でも「長年の慣行」でした。しかし、戦後、これは女性差別だと声があがり、また、GHQの「指導」もあって、戦後の学校教育は男女共学となりました。ただ、一教科は「長年の慣行」が優先されました。中学校の技術・家庭科と高校の女子のみ必修の家庭科です。中学校「技術・家庭科」は教科書が「男子向け」「女子向け」であり、男女別の教室で男子が技術、女子は家庭科を学び、高校家庭科は女子が家庭科を学ぶ時間に男子は体育の授業でしたが、一九九三年度からは男女共学の中学校「技術・家庭科」となり、九四年度からは高校家庭科も共修《きょうしゅう》（高校は女子校・男子校もあるので共修という）となりました。これも男女別学は女性差別であり性的役割分業を生徒たちに教え込むという批判の高まりから変わりました。女性の人権と思想・良心の自由の違いはあっても、「長年の慣行」がそれを良しとする理由にはならないということです。

「日の丸・君が代」の実施は文部省の圧力によったもので「長年の慣行」ではないことは沖縄県や広島県、北九州市の件で先に見ました。また、世論調査から「日の丸・君が代」を国旗国歌とすることに賛成できないという人たちが一定程度存在することを見れば、ここでも「長年の慣行」でないことが読み取れます。したがって、政府答弁の言う「長年の慣行」が「思想・良心の自由」を侵害しないという理由にはなりません。また、それがたとえ「長年の慣行」であったとしても、「思想・良心の自由」を制約することを正当化する理由に使ってはなりません。権利は、一億人のうちの一人であっても侵害されてはなりません。憲法も子どもの権利条約も、誰もに保障されるべきです。政府答弁にはこの重要な視点が欠けています。

Q25 「君が代」を国歌とする政府の見解は？

敗戦までは、「天皇陛下のお治めになるこの御代がいつまでも続いてお栄になるように」という意味だった「君が代」。国民主権の憲法下では？

政府見解

さて、天皇を讃える歌、「君が代」を国歌にすることについて、政府は見解を示さざるを得なくなりました。九九年六月十一日、小渕首相は「君が代の『君』とは大日本帝国憲法下では主権者である天皇を指していたと言われているが、日本国憲法下では、日本国および日本国民統合の象徴である天皇と解釈する」と答弁しました。しかし、同年七月二十一日には「君」は「天皇を日本国および日本国民統合の象徴とする我が国のこと」と答弁を変えました。このわずか四〇日間で「君」の解釈が「天皇」から「我が国」へ。歌詞は変わらないのに、「天皇」と解釈した敗戦までの解釈を変えました。国歌が「天皇」を指した歌ではまずいと気づいたのでしょう。

九九年六月の時点での解釈

「君が代」の「君」は象徴天皇を意味するという政府見解について、「その通りと思う人は五〇％」「そうは思わない人は四〇％」（九九年六月三十日付『朝日新聞』世論調査）

敗戦までの「君」の解釈は「天皇」

Q18で見てきた一九三七年尋常小学校修身の教科書に掲載された「第二十三國歌」は「『君が代』の歌は、『天皇陛下のお治めになる此の御代は千年も萬年も、いや、いつまでも

法が成立した八月九日には次の首相談話を発表しました。「……我が国の国旗である『日章旗』と国歌である『君が代』は、いずれも長い歴史を有しており、既に慣習法として定着していたものでありますが、二一世紀を目前にして、今回、成文法でその根拠が明確に規定されたことは、誠に意義深いものがあります。／……法制化は、国旗と国歌に関し、国民の皆様方に新たに義務を課すものではありませんが、本法律の成立を契機として、国民の皆様方が、『日章旗』の歴史や『君が代』の由来、歌詞などについて、より理解を深めていただくことを願っております。／また、法制化に伴い、学校教育においても国旗と国歌に対する正しい理解が促進されるものと考えております。……」

さて、小渕談話は、「法制化により新たな義務を課すものではない」と言いながら、国旗国歌を「尊重する教育」の実施を、教員の処分をちらつかせて求めるという矛盾したものでした。これまでは職員会議で「君が代斉唱」を実施しないと決定し、実施しない学校もまだ、ありましたが、国旗国歌法の成立は教員を処分で脅し、全国の公立学校（大学を含めた）に国旗国歌の実施を迫るものとなり、事実、「日の丸・君が代」の強制と処分

いつまでも続いてお栄えになるやうに』という意味で」と書きます。従って「君が代」とは「天皇の代」ということです。

が進行していきました。

「負の歴史」を教えるべき

なお、首相談話にある「国旗と国歌に対する正しい理解」とは、どういうことなのでしょう。首相が言う「正しい理解」は「尊重すること」を指します。「日の丸・君が代」については国論を二分する考えがあるのですから、政権の考えである「尊重すること」だけを教えろと言うのは、学校教育がしてはならないことですし、教育への介入（不当な支配）です。

国会審議のなかで野中官房長官は、「『負の歴史』を含めて日本の近現代史をきちんと教える必要性がある」（『朝日新聞』九九年八月十日付）と答弁しました。しかし、それは答弁にとどまり、それをするよう文部省・教育委員会が教員たちに指導・助言したことはありません。

それどころか、筆者たちのように「日の丸・君が代」の授業をした教員に対して教育委員会や自民党が嫌がらせをすることがあります。根津については、二〇〇五年に自民党立川市議会議員が市議会一般質問で問題にし、河原井については裁判のなかで都教委が問題視しました。都教委や自民党市議はなぜ、問題視したのでしょう。それは、二人が「負の歴史」を教えたと思い込んだからでしょう。根津が授業で使った資料は、戦前の修身教科書に記載された、「十六　日の丸の旗」や「十七　國旗」、また、アジア諸国の教科書に記載された「日の丸」等であり、生徒たちに一方的な考えや嘘は提示してはいません。

文科省は今からでも「負の歴史」を含めて日本の近現代史を教えるよう柱を立てるべきです。

Q26 国旗国歌法に尊重規定はないけれど、尊重しなくちゃならないの？

「国旗は……」「国歌は……」の二条からなる国旗国歌法。今後、政府に尊重規定や罰則規定を創設する動きは起きないだろうか。

尊重義務や侮辱罪の創設は考えていないと言うが

法制定を決めた当初、政府は国旗国歌尊重義務規定を設ける考えを示していましたが（九九年三月十二日野中官房長官記者会見）、結局その条文化は見送りました。そして、小渕首相は、「法制化に伴い、国旗に対する尊重規定や侮辱罪を創設することは考えておりません。」（九九年六月二十九日国会）と答弁しました。しかし、それは「現内閣において……尊重義務を……織り込むようなことはしない」（八月二日参議院国旗及び国歌に関する特別委員会の野中官房長官答弁）ということでした。尊重規定や掲揚規定を三条に置く草案も検討されましたが、古川貞二郎官房副長官（当時）は「尊重規定などを書けば、罰則がなくても『義務を守らないのはけしからん』なども言い出す人がいるかもしれない。そうした余地はない方がいい」（『朝日新聞』〇九年八月十八日付）と言いました。第三条に尊重規定や侮辱罪を創設したいという考えもあったようですが、とにかくこの国会で国旗国歌法を成立させる。それを優先したのでしょう。尊重規定は入りませんでした。

その後二〇一〇年六月、尊重規定などを盛り込んだ国旗国歌法の改正に関する請願が少なくとも二回、自民党議員を紹介者として国会に出されています。一件は稲田朋美自民党議員の紹介で、もう一件は西田昌司自民党議員の紹介で出されました。どちらの請願も「審議未了」となりました。

自民党が国旗損壊罪新設を要求

さらに二〇一二年五月二十九日、高市早苗自民党議員は国旗損壊罪の新設を含む刑法改正案を、自民党議員全員の賛成を得て衆議院に議員立法として提出しました。この年は衆議院解散もあり、国会で審議されないまま廃案となりましたが、自民党は国旗損壊罪等の新設をあきらめてはいないということです。

西田議員紹介の請願の内容

「一．国旗・国歌に侮辱を加える目的で、国旗を損壊し、除去し、又は汚損する行為を禁止すること及び罰則規定を設けること。二．国旗及び国歌を尊重する義務を法律で定めること」

なお、都教委は一〇・二三通達を作成することについて教育委員会定例会（二〇〇三年四月十日）で、こんなやりとりをしています。「そもそも国旗国歌については強制しないという政府答弁から始まっている混乱なのです」（教育長）、「だから政府答弁が間違っているのです。だから文部科学省はきちんとやりなさいと、こう言っているわけです。」（委員）。このやり取りは、国旗国歌法に強制する罰則規定をつくらなかったから、都教委がわざわざ罰則規定のある一〇・二三通達をつくらなければならなくなったということ。当時の都教育委員たちは尊重規定や罰則規定が必要と考えていたということです。

二〇二四年現在も一〇・二三通達は撤回されていませんから、現在に至るまで都教育委員になった人たちは、当時の教育委員と同じ考えを持っていたということです。

Q27 「日の丸・君が代」の完全実施に政府がこれほどまでにこだわるのはなぜ？

歴代自民党政府や財界にとって、国民が「日の丸・君が代」を尊重することに利点があるのでしょう。尊重の行きつく先は「愛国心」です。

国旗国歌・「愛国心」が強調されるのは国民が他の国を憎み、政権の意図するままに国民が動員されようとするとき。多くは戦争のときです。

芸能人のタモリさんが二三年の正月に「今は新たな戦前」と言い、大きな反響を呼びましたが、政府は日本を「戦争する国」に進めています。二〇一五年に安保法制を改悪した（＝別称、「戦争法」と言われる）安倍政権に続き、二二年末、岸田政権は敵基地攻撃能力の保有を打ち出し、軍事費を大幅に増額しました。敵基地から攻撃されることがわかった場合に日本から攻撃するのは専守防衛の範囲であり、憲法に違反しないと岸田首相は言いますが、憲法学者の大半は「憲法九条に違反する」と言います。今や、戦争放棄を謳う憲法第九条を実質破棄した政治となっています。

敵基地攻撃能力の保有

岸田政権は二二年十二月十六日、国家安全保障戦略など安保関連三文書を閣議決定しました。その一つに戦後、歴代政権が戦争放棄の憲法に照らして専守防衛で来たことを覆し、敵からやられると判断したら、そこを攻撃してよいとした敵基地攻撃能力の保有を決めました。

政権は「抑止力が高まる」とメリットばかりを強調しますが、常に他国から軍事攻撃される危険がありま す。

政権や財界にとっては、平時では貧困は自己責任と受け止め、低賃金不安定労働にも「職にありつけるだけマシ」と文句を言わない従順な労働者が、また、戦争ともなれば「正義の戦争」を鼓舞する政府の宣伝に躍らされ、「愛国心」を発揮して進んで軍隊・自衛隊に入る国民が必要となります。そのために、『日の丸・君が代』の尊重」と「天皇敬愛」の「愛国心」教育が、国民に気づかれない早い段階から歴代自民党政権によって始められていたように感じます。

国民が安心して暮らすためには、戦争をしない・軍備を持たないことを他国に示すことが、最も戦争回避の近道です。「武力で平和は守れない」、そう主張する人たちはかなりの割合で存在します。

軍備を持たない、中南米のコスタリカ共和国を知ってますか。過去の内戦から「戦争に巻き込まれないためには軍備を持たないこと」を学び、軍備に充てる国家予算を教育に充てています。日本の私たちの学ぶ点が大いにあるのではないでしょうか。筆者らは、後々までも誰もが安心して暮らせる社会の実現を政治に求めます。「日の丸・君が代」の強制に反対してきたのもそのためでした。今後もそれに向かって声をあげていく所存です。

コスタリカ憲法

中米コスタリカで一九四九年に制定された憲法。第十二条に「常設的機関としての軍隊は禁止する」とうたい、常備軍を廃止しました。自衛のための戦争は認めており、国家防衛のために軍隊を再編できると明記します。国家の安全は集団安全保障の米州相互援助条約（リオ条約）に頼ります。同国は四八年に政争から内戦が起き約二〇〇〇人が亡くなりました。勝利したフィゲーレス大統領は軍隊の廃止を決意し、「兵士の数だけ教師を」を合言葉に軍事予算をそっくり教育予算に変え教育国家に転換しました。（Wikipediaより）。

Q28 新しい国歌を作ろうという運動があったこと知っていますか？

戦争はもうこりごり、平和を取り戻した日本にふさわしい国歌・国民歌をつくろうとの呼びかけに、沢山の応募がありました。そこには〝希望〟があったのでは

戦後の「新しい国歌を」の動き

戦後、天皇のもとで起こした残虐な戦争への深い反省に基づいて「君が代ではない国歌をつくろう」という動きがありました。一九五三年、洋酒の壽屋（現在のサントリーです）の社長・佐治敬三氏が中心となり、「君が代」に替わる国民国歌を公募したところ、なんと作詞の応募が五万点、作曲の応募が三万点もありました。そのなかから「われら愛す」（芳賀秀次郎作詞、西崎嘉太郎作曲）が選ばれました。一方、日本教職員組合は、一九五一年に「教え子を戦場に送るな」というスローガンとともに、「新国歌制定運動」を立ち上げて、国民歌「緑の山河」（原泰子作詞、小杉誠治作曲）を選びました。ここでは二千点の応募がありました。これとほぼ同時期に、元号一本化の法令に対する疑問から元号廃止の動きもあり、日本学術会議は一九五〇年五月六日、政府に対し「元号廃止・西暦採用について」の申入れを行いました（残念ながら、廃止に至りませんでした）。

しかし、一九五八年の学習指導要領の改訂告示の「行事等は国旗を掲揚し君が代を斉唱させるのが望ましい」に阻まれて、「われら愛す」も「緑の山河」のどちらも国民歌として定着することはありませんでした。卒業式に「緑の山河」を歌って教員が処分される事件が起こっています。この時に、なぜ国民的議論、「対話」のうねりで「君が代」に替わる「新しい国歌」が誕生しなかったのでしょうか、とても残念です。

学習指導要領が改訂されるたびに強制力が増し、国家統制の道を辿っていきます。一九七七年改訂では「君が代」を「国歌」として表記し、一九八九年改訂では「国旗を掲揚し国歌を斉唱するよう指導するものとする」とされています。さらに、二〇〇六年十二月の教育基本法改悪後に改訂された二〇〇八年三月二十八日告示の学習指導要領には、「愛国心」が追加されました。

「新しい国歌をつくろう」から五四年をかけて「新しい国歌」どころか、

有無を言わせぬ「君が代」の強制が貫徹されていきます。

「国旗国歌法」と「日の丸」「君が代」

かつて学校の中で、「日の丸」「君が代」に限らず、国の旗、国の歌はあったほうがいいという考え方と、他方で「果たして本当に必要か、国民的に議論したほうがいい」という考え方が少数でしたがありました。特別支援学校の高等部の青年たちと「日の丸」「君が代」について学ぶ時、彼らは映像で知ったり家族から聞いたりしているのでしょう、「日の丸」「君が代」と戦争は密接に結びついていました。「日の丸」「君が代」が国旗・国歌であるという法的根拠はないので、学校現場、教育現場には持ち込まないということで議論を進めていました。しかし、学習指導要領の改訂のたびに、「日の丸」「君が代」の強制が強まる中、校長によって扱いが異なり教育現場は大きく揺れました。対話の成り立つ校長とは交渉を重ねる中で、ぎりぎりのところで「日の丸」「君が代」の強制を踏みとどまるせめぎ合いがありました。

一九九九年八月九日、多くの反対を押し切って国旗国歌法が成立し、同年八月十三日に公布、施行されてしまいました。この法律は、「日の丸」を国の旗、「君が代」を国の歌とだけ定めたものでした。

国旗及び国歌に関する法律（平成一一年八月一三日　法律第一二七号）
第一条　国旗は、日章旗とする。
第二条　国歌は、君が代とする。

だからこそ、一九九九年六月二十九日の国会で小渕恵三首相は「児童生徒の内心にまで立ち入って強制しようとする趣旨のものではなく」と答弁していますし、野中官房長官も「強制的に行われるんじゃなく、それが自然に哲学的に育まれて行く努力が必要」と答弁しています。また、政府委員は「単に従わなかった、あるいは単に起立をしなかった、あるいは歌わなかったといったようなことのみをもって、何らかの不利益をこうむるようなことが学校内で行われたり、あるいは児童生徒に心理的な強制力が働くような方法でその後の指導等が行われるということはあってはならない」と答弁しています。いずれも、教育現場で「強制しない」ことを明言しました。

　しかし、その後に起こったことは、本書で見たとおり教育委員会による教育現場への「日の丸」「君が代」の有無を言わせぬ強制であり、君が代斉唱時に起立せず歌わない教員に対する懲戒処分の乱発でした。

　私たちは、「日の丸」「君が代」については、タブーなしでもっともっと自由に語り合うことが必要だと考えています。「日の丸」「君が代」についていろいろ学びたいですね。「日の丸」「君が代」の「国民的議論」「国民的対話」を楽しく創り出したいと思います。「君が代」斉唱時に起立しないことは、私たちなりの提案でした。

Q29 「茶色の朝」ってどんな朝？

ナチスに抵抗したとして一九三七年に強制収容所に送り込まれた神学者マルチン・ニーメラーの言葉をご存じですか。「茶色の朝」の現実でした。

みなさんは「茶色の朝」という絵本をご存知ですか

みなさんは「茶色の朝」という絵本をご存知ですか。この絵本はフランスのフランク・パヴロフという人が書いた物語で、日本語版が二〇〇三年の十二月に出版されました。この本に出てくる状況が、今の日本の状況に本当に重なると思います。もしまだの方がいらしたら、大月書店から出ていますので、ぜひ読んでみて下さい。

この絵本の最後の部分を私は毎日読んでいます。人は自分の所に直接的にいろいろな被害とかが来ないと平穏に暮らせてしまう、それが危うい状況を見過ごしてしまうことになってしまう、ということが感じ取れる内容です。「茶色党」というのが出てくるのですが、茶色だけを良しとする党

マルチン・ニーメラーの言葉

共産党が迫害された。私は党員ではないからじっとしていた。社会党員が弾圧された。私は、党員ではないからやはり沈黙していた。学校が、図書館が、組合が弾圧された。やはり、私には直接的な関係がなかった。教会が迫害された。私は、牧師だから立ち上がった。しかし、その時は、遅すぎた。

です。茶色というのはドイツではナチスの制服の色、つまりファッショの色ということで、茶色党というのは茶色だけが正しいということを主張する党として描かれています。

それから「ペット特別措置法」という法律が出てきます。この法律は初めは、茶色の犬だけが許されていたのです。それがだんだんと猫も茶色でなくてはならない、ということになってきます。つまり茶色の犬だけが許されるという時に、誰も「それはへんだ」と言わなかったために、茶色という制限がどんどん増えていく。茶色だけが許される、それ以外が許されない、茶色に属している人は許されるからその人は何も被害はない、しかし茶色以外の人が逮捕されていく時に、そのことに対してノーと言わないために、茶色は拡大していく。茶色を容認していくためにどんどん拡大して、そして茶色ではない人間が生きていくスペースが無くなってしまう。そう警告しています。

この本の最後のところを語句を変えて読んでみたいと思います。猫と犬というところを「良心」という言葉に、茶色党というところを「都教委」に置き換えてみました。それから「ペット特別措置法」を二〇〇三年の「一

『茶色の朝』フランク・パヴロフ著、藤本一勇訳　大月書店、二〇〇三年）

〇・二三通達」に置き換えてみました。それで読んでみたいと思います。

「都教委のやつらが、二〇〇三年一〇・二三通達を課してきやがったときから、警戒すべきだった。結局俺の良心は俺のものだったんだ。シャルリーの良心がシャルリーのものだったように。いやだと言うべきだったんだ。抵抗すべきだったんだ。でもどうやって？都教委の動きはすばやかったし、俺には仕事があるし、毎日やらなきゃならないこまごましたことも多い。他の人たちだって、ごたごたはごめんだから、おとなしくしているんじゃないか。」となります。

これを原本で読むと「茶色党のやつらが、最初のペット特別措置法を課してきやがったときから、警戒すべきだったんだ。けっきょく、俺の猫は俺のものだったんだ。シャルリーの犬がシャルリーのものだったように。いやだと言うべきだったんだ。抵抗すべきだったんだ。でもどうやって？政府の動きはすばやかったし、俺には仕事があるし、毎日やらなきゃならないこまごましたことも多い。他の人たちだって、ごたごたはごめんだから、おとなしくしているじゃないか？」というものです。

気づいたらすべて世界が真茶色だった

要するにシャルリーというこの「俺」の友だちが逮捕されるという日が来るのですが、その逮捕が刻々と近づいている時に、この「俺」はなぜ最初の「ペット特別措置法」、つまり茶色のものだけしか許さないという時に、「なんか変だ」と思わなかったのか。多くの人はそう思うはずだが、だけどそこで声を出さない。なんか変なんだけど、いいじゃないか。犬を茶色の犬に買い換えれば何も起こらないじゃないか。と言って犬を買い換える。そして何事も起こらなかったように、平穏な日常を過ごす。そうすると今度は特別措置法が、と言い出すわけです。となると茶色の猫に買い換えればいいじゃないか。何も起こらない、というふうに一つ一つ譲歩していく。そんなに変わりはない。ペットの色を変えるだけで、何も起こらない。そういう繰り返しが実際はとんでもない状況を作ってしまう。そういう警告だと思います。戦争とかファッショというのは、実は一人の独裁者が引き起こすのではないという気がします。一人一人がノーと言わない。なんか変だなという状況に対して、けっしてノーと言わない。態度表明しない。そういうふうにやり過ごす、見ないふりをしながら、そのことの積み重ねがとんでもない状況を作り出していくのではないか、という気がすごくしています。この「茶色の朝」という絵本は、気づいたらすべて世界が真茶色だったというものです。最初は小さなペットだけだったのが、気づくとどんどん茶色に染まっていくわけです。

教育基本法が「改正」された時（二〇〇六年十二月十五日）も、なかなか教員間の中に切迫感がありませんでした。「教育基本法ぐらい変わったって大丈夫よ」「憲法が変わったってそんなに変わらないんじゃない」という安心感があったような気がします。この一〇・二三通達が出た時もそうです。「こんなことで不起立して」と言われました。

そして、多くの教員が警戒しなかったことで、東京、いや全国の学校は「茶色の朝」を迎えてしまいました。

おわりに

公立学校の卒業式・入学式で必ず実施される「日の丸・君が代」をめぐる事実を見てきて、どのように感じられたでしょうか。国旗「日の丸」・国歌「君が代」は「慣習法として定着している」「国民のアイデンティティーの証」であると、国旗国歌法が成立した際に小渕首相（当時）は言いましたが、卒業式・入学式で実施されてきた「日の丸・君が代」にその姿は見えなかったと思います。「慣習法として定着して」いなかったから、沖縄や広島に見られるような文部省の介入があったのですし、東京・大阪のような教員処分が行なわれてきたのです。

「日の丸・君が代」は、子どもたちの入学を祝福し旅立ちを応援するのにふさわしいハタとウタ、でしょうか。

諸外国では、とりわけ欧米では、入学式や卒業式をしない国や地方がかなりあります。日本のように〝厳粛さ〟を求めるのではなく、お祭り的な催しをする国や地方もあります。法律で「国旗掲揚・国歌斉唱」を義務付けた国はありません。ましてや、それを拒否した教員を処分する国は、ありません。

一方、中国では近年、入学式や卒業式で国旗掲揚・国歌斉唱を決めた省が出ているということです。また、毎週月曜日の朝は、国旗掲揚式を行なうことが決められているといいます。

今、日本の公立学校には、外国籍の子どもがかなり在籍しています。少子高齢化社会が進行する中、政府は外国人労働者の受け入れを政策に掲げていますから、さらに外国籍の子どもたちが学校に多くなるでしょう。その多くは、日本が侵略し、あるいは植民地にした国の子どもたちです。そうした子どもたち・保護者に「日の丸・君が代」を強制することが、国際社会に通用するでしょうか。

子どもたちが国籍の隔てなく仲良くできる学校生活を送ることで、日本社会がアジア蔑視の価値観に染まっていることや、出入国管理及び難民認定法（入管法）を盾に政府が難民を日本から追い出すことの残虐性、そして、人が人として生きることのできる社会の創造に目が向くのではないかと思います。このことこそが、国際社会に通用することだと思います。国旗である「日の丸」・国歌である「君が代」の刷り込みと、そのための教員処分を止めてはどうでしょう。

ところで、「日の丸・君が代」に限らず　わたしたちの住む社会で、学校で、「おかしいね」「変だね」と思ったり、考えたりすることがたくさんあると思います。そんな時、「このくらいならまあいいか」「意見を言うのも面倒だな」と思わずに、まずは自分のできることをやってみませんか。何ごとも「当たり前」とか「常識」とかで納得せずに、事実をもとに、また、資料に当たって一つひとつ考え、自分の頭で判断していきませんか。日本の学校教育は、社会で起きる事象をめぐり、また、文学作品を読んでも、互いに意見を述べ考え合うことがなされていません。その延長線からか、日常的に政治を話題にする人はごく少数です。そうした日本社会ですから、留学等で海外の同世代の人たちと触れ合う機会を得た日本人は、海外の人たちが自分の考えを述べることに驚くと言います。ここでも、日本の常識は、国際社会の非常識ということです。

私たちは社会のなかで生きているのですから、よりよく生きるためには、意見を述べ合い、その中で自身の考えを確立していくことは大事なことと思います。そうなれば、政治が身近なものになり、選挙で棄権をしなくなるでしょう。それがやがては、誰もが大切にされる社会、幸せを感じることのできる社会をつくることにつながると思います。

今、「新たな戦前」と言われます。二〇二三年の初めにタレントのタモリさんがテレビで言われたこのことばに、多くの人たちが「そうだ」と思わされ使われるようになりました。国民の生活よりも軍事費優先の今の政治を見れば、確かに「新たな戦前」と思います。戦場に駆り出されるのは、若い方々です。殺すも殺されるのもごめん、ですよね。戦争をさせないためには、あなたの人生をまっとうするためには、政治に関心を持ち、考え声をあげていくことが大事なのではないでしょうか。

〈著者略歴〉

萱野　一樹（かやの　かずき）

1955年生まれ。弁護士。2006年から2021年まで16年間にわたって、共著者の河原井純子さんと根津公子さんの日の丸・君が代裁判（懲戒処分の取消請求訴訟）を弁護団の一員として担当。

河原井　純子（かわらい　じゅんこ）

1950年生まれ。知的障がい（児）者の施設労働者として3年勤務した後、「口先だけ偉そうなことを言う教員だけには決してなりたくない」と決意して1975年4月都立高島養護学校の教員となる。以後府中療育センター院内学級・八王子盲学校などに勤務。2010年3月八王子東特別支援学校定年退職。「障がい」があってもなくても共生できる学校や社会の実現を目指しているひとり。

［著書］『学校は雑木林　共生共存の教育実践と「君が代」「不起立」』（白澤社）

根津　公子（ねづ　きみこ）

1950年、神奈川県生まれ。都立立川短大卒業。1971年度から2010年度まで東京の公立中学校家庭科教員（2007年度以降は都立養護学校・特別支援学校）。

著書に『希望は生徒　家庭科の先生と日の丸・君が代』（2008年、増補新版2011年、影書房）、『自分で考え判断する教育を求めて　「日の丸・君が代」をめぐる私の現場闘争史』（2023年影書房）。

プロブレムQ＆A

「日《ひ》の丸《まる》・君《きみ》が代《よ》」強制《きょうせい》って何《なに》？

国旗国歌と思想・良心の自由を考える

2024年10月31日　初版第1刷発行　　定価2000円＋税

著　者　萱野一樹・河原井純子・根津公子 ©
発行者　高須次郎
発行所　緑風出版
〒113-0033　東京都文京区本郷2-17-5　ツイン壱岐坂
［電話］03-3812-9420　［FAX］03-3812-7262［郵便振替］00100-9-30776
［E-mail］info@ryokufu.com［URL］http://www.ryokufu.com/

装　幀　斎藤あかね　　カバーイラスト　Nozu
制　作　R 企 画　　印　刷　中央精版印刷
製　本　中央精版印刷　　用　紙　中央精版印刷

Printed in Japan　　ISBN978-4-8461-2412-0　C0336